教育部人文社会科学研究项目（11YJC790166）
浙江省哲学社会科学规划项目（10CGYD46YB）
浙江省高校人文社科重大攻关项目（ZD2009016）

浙江民间财富管理研究

Study on Zhejiang Private Wealth Management

陶永诚　王丹　等著

中国金融出版社

责任编辑：王　君
责任校对：张志文
责任印制：丁淮宾

图书在版编目（CIP）数据

浙江民间财富管理研究（Zhejiang Minjian Caifu Guanli Yanjiu）/陶永诚
等著 . —北京：中国金融出版社，2013.5
　ISBN 978 - 7 - 5049 - 6953 - 8

Ⅰ . ①浙…　Ⅱ . ①陶…　Ⅲ . ①私营经济—经济管理—研究—浙江省
Ⅳ . ①F127. 55

中国版本图书馆 CIP 数据核字（2013）第 086385 号

出版
发行　中国金融出版社

社址　北京市丰台区益泽路 2 号
市场开发部　（010）63266347，63805472，63439533（传真）
网 上 书 店　http://www.chinafph.com
　　　　　　　（010）63286832，63365686（传真）
读者服务部　（010）66070833，62568380
邮编　100071
经销　新华书店
印刷　利兴印刷有限公司
尺寸　169 毫米 × 239 毫米
印张　11. 25
字数　196 千
版次　2013 年 5 月第 1 版
印次　2013 年 5 月第 1 次印刷
定价　28. 00 元
ISBN 978 - 7 - 5049 - 6953 - 8/F. 6513
如出现印装错误本社负责调换　联系电话（010）63263947

前　言

改革开放三十余年来，浙江经济持续高速增长，居民收入不断提高。浙江成为我国民间财富最为富裕的地区之一，浙江经济成为中国民营经济发展的典型，也形成新兴市场经济发展的特色模式。

与此同时，浙江经济发展也进入了新的转折点。在民间财富不断快速积累的同时，民间财富却没有良好的投资出路，而许多民营企业和投资项目又没有相应的投融资渠道，也就产生了所谓的"两多两少"，即民间资金多但投资渠道少、中小企业多但融资渠道少。

如何促进民间财富的有效利用，实现财富与项目的高效对接，成为当前浙江经济发展的重要命题。浙江省"十二五"金融业发展规划明确提出，浙江金融业在"十二五"期间发展的战略重点是打造"两个中心"，即"中小企业金融服务中心"和"民间财富管理中心"，并通过"两个中心"建设，构建具有浙江特色"金融强省"的功能支撑体系、空间支撑体系和服务支撑体系。建设民间财富管理中心，既是基于浙江民营经济与民间财富发展的实际需要，又是立足于新一轮经济转型升级，推进"金融强省"建设的需要。因此，有必要从理论研究角度对浙江民间财富中心建设尽微薄之力。

本书以浙江民间财富发展现状与现实需求调研为出发点，借鉴国际上民间财富管理的先进经验，从民间资本向产业资本转化、民间资本向金融产业转化、民间资本集群化发展、民间资本国际化发展、民间资本兼并重组与流动、民间理财、民间财富管理中心建设和民间财富管理的保障机制建设八个方面较全面地探讨浙江民间财富管理问题。在每一个内容的探讨中，都进行了较充分的市场调研，讨论了客观环境与问题所在，分析了发展方向、模式或路径，也提出了相应的政策建议。

本书在写作过程中，得到浙江金融职业学院党委书记周建松教授的热情指导，得到浙江地方金融发展研究中心副主任应宜逊教授的宝贵建议，也得到浙江省内一些金融管理部门、金融机构的专家的支持和帮助。同时，浙江金融职业学院的姚星垣、郭延安、严卫华等教师参与调研、数据收集和部分内容的编写，在此一并致以诚挚的谢意。本书的出版实际上是我们研究浙江民间财富管理的初始成果，还有更多的问题值得深入研究，我们希望在今后能取得更多的成果，也欢迎学界同仁不吝赐教。

陶永诚

二〇一三年四月

目　录

第一章 民间财富管理：
国际借鉴与浙江发展

一、民间财富管理的概念及内涵

民间财富的概念常常与民间资本混为一谈，因此，有必要来界定民间资本与民间财富的内涵。

（一）民间资本

民间资本从字面分析由"民间"和"资本"两层含义构成。在私有制为所有制基础的西方国家并没有"民间"这一概念，常用的是公共和私人的概念，民间只是中国特色的习惯用语，以区别于国有、集体和外资，从其本质上讲，是带有私有性质的。"资本"作为经济学中的一个基本概念，对其解释众说纷纭。根据马克思经典理论的定义，"资本"是能够带来剩余价值的价值。根据经济学理论对资本的共性和通俗的理解，资本是用于生产、经营和投资领域，期望能带来增值的资产。资本具有二重属性，一是它具有自然属性，二是具有社会属性。自然属性是指任何资本从本质上说，都要实现价值的增值，它是与商品经济相联系、反映促进社会化大生产和生产力发展需要的性质。资本的社会属性是指资本归谁所有的问题，它与一定社会的基本经济制度相联系，反映社会生产关系发展需要的性质。资本的自然属性，就是资本的共性，它不会因其所处的社会制度的性质所改变。资本的社会属性就是其所有权到底归谁所有，以及由此决定的生产关系，它主要与一定的社会基本经济制度相联系。它体现为，资本的运营总是要为一定的社会经济主体服务，总还有某种占统治地位生产关系的印记，反映着社会生产关系发展需要的性质。因此，资本的社会属性就是资本的个性。资本的社会属性具有反作用，它能够推动或抑制资本自然属性功能的发挥。综上所述，我们认为：资本是社会经济生活中能够创造财富、实现价值增值的客观存在，而且，由于其所处社会环境不同，所有权归属不同，使其价值增值具有不同的内容。①

学界目前对于民间资本还没有统一、权威的定义。学术上对民间资本的界定有三种观点：一种是从生产能力的直接性来定义，民间资本又称为民间直接资本，其特点是：（1）是直接具有生产能力的生产资本；（2）是进行生产以提供私人物品满足私人消费，具有竞争性、排他性等特点，能完全依赖市场机制提供；（3）从投资主体看，主要由居民或企业投资（洪亮，2000）。第二种是从词义表达和资本的所有制性质两方面考察，李广培（2001）认为民间资本是相对于国有资本而言的，指非国有资本部分，包括集体、民营、个人、外商等资本。第三种观点与前种观点的不同之处在于将外商资本排除在外，李含琳（2005）将民间资本定义为一个国家内部或地区内部的非国有资本和非外商资本的总和。我们认为资本的来源为国家投资、民间资本、还有外资，其实从某种程度上来讲，除国家资本外，以外资形式还是以内资形式都是民间资本。因为实际上大量的外资投资资金，相对来讲也是在海外筹集的机构或者私人资本，这是民间资本广义的概念。狭义的民间资本，是总投资资本减去国有投资、港澳台商投资、外商投资后的剩余部分，本书的民间资本是指狭义的民间资本，指不涵盖国有投资和外商投资的所有经济主体投资而形成的资本。具体而言，民间资本就是民营企业的流动资产和家庭的金融资产。

（二）民间投资

民间投资是相对于政府投资而言的。从理论上来说民间投资与政府投资的核心区分点在于资本来源，但同时其投资主体、投资方向等也存在不同。民间投资主要投资于一般竞争性领域，而政府投资主要分布在基础设施、关系国家安全等领域，其形成往往取决于经济增长的水平和一定时期的宏观经济政策。投资运行的实践已经证明，民间资本已经成为中国经济增量的主力军、经济结构调整的生力军、吸纳就业的主渠道、城市化进程的加速器、国有企业深化改革的重要依托（胡岳岷，2004）。2003 年，《浙江统计年鉴》开始统计限额以上民间投资，这是我国统计文献中首次出现"民间投资"概念。《浙江统计年鉴（2008）》中，把限额以上固定资产投资分为内资、港澳台商投资、外商投资和个体经营投资，其中内资包括国有、集体、股份合作、国有联营、集体联营、国有与集体联营、其他联营、国有独资公司、其他有限责任公司、股份有限公司、私营和其他投资 12 类。按国有及非国有情况，把限额以上固定资产投资分为国有及国有控股企业投资和非国有投资，在非国有投资中单列"民间

---

① 天津经济课题组. 民间资本：敢问路在何方［J］. 天津经济，2010.

投资"。《浙江统计年鉴》中的民间投资是指限额以上民间投资，为准确分析问题，浙江民间投资＝限额以上民间投资＋限额以下固定资产投资①。

新古典增长模型和内生增长理论均一致认为：高投资率能够带来经济特别是短期经济的高增长率。民间资本和国有投资资本最大的一个差异是投资目的不同。首先民间资本以利润最大化为目标，其次民间资本需要公平原则，最后民间资本，由于它的目的不同、运作方式不同，肯定在相关的大量的操作模式上都与原来的国有资本的投资方式不一样。我们认为，民间资本具有较高的灵活性和较宽广的投资领域，对社会需求的适应力较强，而国有资本投资很难在较长时期内维持高投资水平，其主要作用是引导和带动民间资本实现持续投资。从短期看，我国在扩张性财政政策和适度宽松货币政策下，应厘清政府投资与民间投资的边界，充分掌握民间资本的存量规模和投资动态，寻求民间资本实现投入—产出—再投入—再产出的良性循环的路径，使民间投资与政府投资形成良性互动。② 从长期来看，国有资本投资与民间资本投资协作，借助民间资本灵活运营机制和高效投资效率弥补国有资本的不足，是我国经济持续稳定增长的必经之路。

（三）财富管理

财富管理是通过各种金融活动，以求达到保存、创造财富等目的。管理财富包含两个方面的意义，一是为了眼前的生活更幸福，二是为了将来的人生更美满。我们认为财富管理业务实际上就是通过一系列财务规划程序，对个人或法人不同形式的财富进行科学化管理的过程。首先，是一系列的财务规划，存在诸多阶段，比如财务咨询规划、财富管理投资、生活消费服务规划；其次，财富管理并非客户自己管理自己的财富，而是需要和理财人员在一起才能完成；最后将法人纳入到财富管理的服务范畴中，是因为私营企业法人可能拥有一家甚至数家以上的企业，构成财富管理客户需求一方。

财富管理与投资是两个不同的行业，涉及不同范畴的专业领域。专业投资人是与专业会计师、律师相类似的职业，成为投资人需要具备相关的专业知识与技能；而财富管理是无论你从事什么行业，只要你拥有一定数量的财富或者想拥有财富，就必须建立自己的财富观念，其中虽然包括一些简单的投资判断能力，但自身设定的财富目标、对生活品质的要求等，起到了决定性的作用。两者有所不同，严格意义上讲是两个范畴，但又相互联动。因此，即便是你的

3

---

① 应雄. 民间投资：浙江经济率先回升的关键［J］. 浙江经济，2009.

② 翁佩君. 金融危机背景下民间资本投资的问题与对策——基于杭州市的实证研究［J］. 中共浙江省委党校学报，2010.

身边有一位优秀且值得信赖的理财师，你还需要评估理财师的价值观是否与你的理念配合。财富管理与单一的投资概念还有一个重要的不同，即财富管理注重的是总体最优，投资更注重每一步最优。投资是一门专业技术，而财富管理就好像是一个总体最优的策略，有时候为了保持从容的生活状态，不得不选择放弃一些好的投资（降低负债率），从长远的角度去看，目的是为了更好地生活，提高生活的品质。

（四）民间财富管理

民间财富的范畴要大于民间资本，民间财富除民间资本外，还包括藏于民间的各种货币化财富，这些货币化财富不一定都以货币形式存在，但它一般具有较强的流动性，能以货币进行衡量或能较快地转化为货币。民间资本是民间财富中的一部分，它首先具有资本属性——生产经营、逐利，只是其产权归属私人所有。但在现实的经济生活中，民间财富与民间资本有时很难区分，从广义上讲，财富都有保值增值的要求，都是在风险可控下追求更大的收益，都具有资本的逐利性。因此，本书不对民间财富与民间资本作严格的区分，且两个词经常相互指代。

民间财富管理就是指民间财富的合理化使用与管理，是通过金融活动，实现民间财富的风险可控和收益最大化。从近年来的经济增长来看，国有经济的贡献占三分之一，非国有经济的贡献占三分之二。可见，民间资本在推动我国经济的持续增长中功不可没，它促使我国经济实现了由政府推动向民间推动的历史性转变。民间资本是最活跃的投资资本，对扩大就业、活跃市场、增加税收、促进区域经济增长等方面发挥着积极的作用。通过不断的实践，民间资本规模不断增大，投资领域不断扩大，显示出强大的竞争实力和竞争优势。有关财富管理业务我国也才刚刚起步，主要是从商业银行、证券公司等视角提供各种资金管理服务，随着民间财富的增加，对民间财富进行管理，激活民间财富，保证民间财富的保值和增值，是当代人们的迫切需要。

二、发达经济体的民间财富管理

（一）发达国家促进民间资本投资的经验

1. 创造有利的宏观环境，提高民间投资意愿与信心。[①]

第一，不断完善法律体系。政府及国营单位的经济及政策的决策活动纳入完备的公法体系，在履行其弥补市场缺陷功能的同时，避免出现政府滥用权力

---

① 林晨辉. 发达国家促进民间投资的主要政策经验［J］. 宏观经济研究，2002.

的行为和决策的随意性。企业和国民的经济活动被纳入完备的私法体系，财产权、经营权得到强有力保护。在开放环境中，美国还建立了完善的国际经贸和投资法律体系，有效保护本国国民和企业的投资、资产和经营权益不受外来力量的不正当侵犯。

第二，灵活运用财政和金融政策工具。在经济景气时期，发达国家一般实行比较稳健的财政支出政策，以平衡的财政政策为目标，避免过度赤字对民间投资产生挤出效应。在经济景气下滑时期，积极的财政政策和扩张性的货币政策并用，财政上实施扩大支出与减税的政策措施，货币政策上则实施低利率水平等刺激融资和投资的措施，以维持和刺激经济景气，维护民间投资的意愿与信心。

第三，专业机构支持民间资本发展。1958 年美国政府颁布了《小企业管理法》，专门设置了小企业管理局。小企业管理局在金融支持方面的职能：一是向小企业提供资助，资助的形式并非是直接贷款，而是提供银行贷款的政府担保，通过担保来支持私营银行或其他金融机构向民间小企业贷款。二是投资的职能，通过小企业投资公司向高风险、高科技领域投资。小企业投资公司由小企业管理局出资三分之二，小企业投入三分之一作为资本金。目前，美国共有 1000 多家小企业发展中心（SBDC），约 800 家退休经理服务中心（SCORE）以及数百家商业信息中心、出口协助中心等专门为小企业提供有偿或无偿技术、培训、信息服务的公共机构。这些机构遍布全美，信息充分，投资者只要跑一个地方就能够获得所需的各种投资咨询信息，有效地提高了民间小企业获取信息和投资决策的能力。

2. 不断优化政府投资领域。

发达国家都把建立和经营国营企业作为政府干预经济、调节经济和推动经济发展的政策工具，但政府直接介入和控制的经济领域是动态的、相对的和短期的；在保持政府对经济的有效管理和控制的前提下，民间资本进入的领域趋于扩大，投资机会不断增加；民间资本承担经济的商业性运作，国营企业则承担经济的战略性、国策性运作。在没有必要维持庞大的国营企业的情况下，发达国家不断扩大民间资本的行业准入，推进国营企业转制，将产权、经营管理权转让给民间资本。在转制过程中，任何领域在向外国资本开放之前首先对本国的民间资本开放。

3. 促进本国民间资本进入国家垄断行业。

发达国家原来也对许多领域实行国家垄断，例如铁路、邮电、高速公路、自来水、电力、通信、银行等。20 世纪 70 年代末，以撒切尔夫人为首的英国政府开始了大规模的以私有化为主要内容的民营化运动。紧随其后，新西兰、澳大利亚、美国等主要西方国家都进行了不同程度的民营化改革，并取得了举世瞩目的经济奇迹。受他们的影响，20世纪80年代末以来，拉丁美洲的墨西哥、巴西、智利和阿根廷，都采取了强有力的民营化政策。1993年以来，意大利就出售了一批国营银行、保险公司、航空公司等国营企业给私人。1993年秋冬开始出售伊利集团下属的意大利信贷银行、意大利商业银行的股票。此后，伊利集团的高速公路公司和意大利航空公司也公开出售了股票。又如，1999年法国政府将国营里昂信贷银行私有化，国家的最终持股不超过10%；国营法国电讯公司决定第二次"开放资本"，出售国家的部分股权，总额约为400亿~450亿法郎，国家的股份由75%降到了62%，职工约占3%，个人和机构占近33%。20世纪90年代，美国克林顿政府力主修改《反垄断法》，减少或取消对电信、金融机构经营范围的延伸限制，促进同业竞争。如通过改革《通信法》，取消对信息、通信、电视、广播等产业交叉发展的限制；制定新的标准，使不同网络可以互通；敦促电话公司向所有提供电视和信息服务的公司开放它们的电话网，并希望有线电视公司也这样做。

4. 促进本国民间资本进入基础产业部门。

美国的基础领域以市场竞争为主，美国政府的经济哲学从来就是凡民间能做的事情政府绝对不插手，美国基础领域国有企业资产和就业人数占全国企业总资产和就业总人数的1%左右。除邮政公路全部属于国有，外铁路电信民航港口等都由民间投资经营，甚至许多学校、医院也是私立或由私人捐赠。唯有公路全部是政府投资建设，这是因为美国公路十分发达且都是免费的，公路只有投入没有产出。在一些高新技术领域的新兴部门中，由于投资大、周期长、风险大、见效慢，在个人资本能力不足和政府不愿承担全部风险的情况下，混合企业正在成为今后发展的一种形式。

5. 允许本国民间资本进入军事工业。

美国军事工业基本上是由民间企业经营的，例如波音公司既是美国最大的军事工业企业，也是世界上最大的民用航空工业企业。它最初是私营企业，后来成为上市公司。美国政府通过军事研究开发合同、军事采购合同和严格的安全制度来对民间军事工业企业实施有效的管理和控制。西欧国家军工等重要部门长期以来民间资本的投入很少。随着欧洲防务联合进程的加快，欧盟国家的军工科研与开发、生产、维修等领域都不同程度地对私人资本进入提供机会，如欧洲联合的战斗机公司、空中客车公司已吸收部分民间资本。日本没有专门的军工厂，军队需要的各种装备都是通过政府订货和采购，由民间企业进行生产。

6. 发展风险投资。

1958 年，美国国会通过了《小企业管理法》，授权小企业管理局制订和实施中小企业投资公司计划，通过设立政府风险基金，引导和促进更多的民间资金进入风险资本市场，支持企业早期发展并创建新企业。风险投资在通信、半导体、计算机、软件、生物工程和医药卫生等高技术领域进行大量投资，造就了一批世界级大公司，如数字设备公司、苹果公司、康柏公司、大阳微系统公司、英特尔公司、微软公司等。日本于 1963 年模仿美国制定了《中小企业投资法》，并在东京、大阪、名古屋三地成立了三家中小企业投资育成会社，经过长期的演变形成了有特色的风险投资日本模式，即政府主导的、以大财团为主体的风险投资体系。日本政府对风险投资的介入和支持，主要体现在建立完善的中小企业法律体系和管理机构、实行投资事业组合制度鼓励联合投资、提供优惠的政策性信贷支持和财政补助等方面。欧盟及各国政府也鼓励风险投资业的发展，对投入于信息、环保、生物等高科技产业的风险资金提供利率、税收等方面的优惠，促使欧盟的风险资金投入迅猛增长。

（二）发达国家民间融资渠道

1. 政策支持。

（1）贷款支持。贷款支持以贴息贷款与政府优惠贷款为主。贴息贷款是一种政府对中小企业贷款的利息补贴，能以较少的财政资金带动较多的社会资金参与对中小企业的援助，特别适合资金缺乏的发展中国家。具体做法：一是对中小企业的自由贷款给予高出市场平均利率部分的补贴；二是对中小企业最难获得的长期贷款给予贴息。德、法等西欧国家多采用这种方式。政府优惠贷款主要是解决中小企业长期贷款难的问题，贷款利率一般比市场利率低 2～3 个百分点。具体做法是，政府设立长期低息贷款专项基金，或建立专门的金融机构，按一定的要求选择中小企业发放。如德国的"欧洲复兴计划特殊资产基金"、日本的"中小企业金融公库"等。

（2）专门机构。美国联邦小企业管理局（SBA）对中小企业的资助措施主要有：①发放直接贷款。对于创新能力强，行业前景广阔的小企业，当银行借贷无门之时，则由 SBA 提供直接贷款，最高限额为 15 万美元，利率远低于同期市场利率。②提供自然灾害贷款，对象是经受自然灾害，但经营状况良好的中小企业。③对小企业的创新研究资助。

2. 直接融资。

（1）美国。美国资本市场拥有多层次、全方位的证券市场发债评级机制，除了证券交易主市场外，还有为中小企业提供大量投融资机会的 NASDAQ 市场和柜台交易市场。大多新兴和成长的公司选择在 NASDAQ 市场上市是因为其上市标准低于主板市场和柜台交易市场。

美国小企业融资的一条重要渠道是金融投资公司。金融投资公司包括两类：一类是小企业投资公司。它是经由中小企业管理局审查和许可成立的，并且最高可从联邦政府获得 9000 万美元的优惠融资。小企业投资公司提供的融资方式包括低息贷款、购买和担保购买小企业的证券。它不能控股所投资的企业，致力于企业发展和技术改造的小企业投资。另一类是风险投资公司。风险资本正是投资于预期产生高收益的科技型中小企业，资助企业科研创新资金。当企业稳定发展时，风险投资就在 NASDAQ 退出，继续寻找新投资对象。在美国，每年有上千家科技型企业通过风险投资公司来融资。

（2）日本。在日本主要有三种直接融资形式：①民间风险投资公司（类似美国的风险投资基金）：由银行、投资公司、证券公司等金融机构共同出资设立。②投资培育公司：由政府、地方社团和民间机构共同出资，专门开展中小企业的融资业务。它有多种运作方式：可以为首次公开发行的创业基金提供担保，还可以投资于创业基金或向其提供贷款。③二板市场：由柜台交易市场和 JASDAQ 市场（类似美国的 NASDAQ 市场）组成。此外，由于融资成本相对较低，很多企业还会选择到债券市场融资。

3. 间接融资。

（1）贷款担保。政府设立专门的贷款担保基金以减少银行对中小企业还款能力的担心，改善其贷款环境。政府贷款担保基金的行政主管部门根据中小企业信贷担保计划，对符合条件的申请者，按贷款性质、多少和期限的长短，提供一定比例的担保，并签订担保合同。

（2）专门的金融机构。日本素有"中小企业王国"的称号，间接融资模式在日本中小企业融资中占有极其重要的地位，同时也是日本中小企业外源融资的主要形式，日本政府设立了专门的金融机构为中小企业提供优惠贷款。二战后，日本相继建立了由政府控股的 5 个金融机构，包括：国民金融公库、中小企业金融公库、商工组合中央公库、环境卫生金融公库以及冲绳振兴开发金融公库。此外，在日本全国还有 2000 多家民间合作信用系统、经营性中小企业金融机构，主要包括：第二地方银行、信用金库及其联合会、信用组合全国联合会等。由此构筑了日本的"官民结合"间接融资体系。

（三）发达国家财富管理

财富管理业源于西方国家，其中尤其以欧洲如瑞士特别发达。经过几十年、上百年的发展，这些国家的金融机构在理财产品的开发、运营和推广等一系列运作上都已非常成熟，极富经验并有很强的权威性。在美国等发达国家，以银行为主的金融机构，已经开始从"一对一"的私人银行转向了财富管理。

第一，银行是财富管理的主体。与基金、证券、信托、保险等金融同业机构相比，银行提供财富管理服务的优势是营业网点众多，且选择金融产品及服务时，客户更加信赖银行。所以银行构成财富管理市场的主体。银行进行理财，降低了个人或企业盲目投资的资本风险和运营风险，把资金集中，进行统一的境内和境外投资，这样不仅有效地调控了民间投资取向，更为投资人取得良好的回报提供了有力保障。

第二，积极进行金融创新、差异化竞争。由于同业间竞争激烈，再加上金融产品无法申请专利，因而需要不断地适应市场需求进行金融创新，以维持自身的市场竞争力。20 世纪 70 年代以来，世界范围内金融领域发生了革命性的变化，人们将金融领域的这些变化称之为金融创新。金融业的变化十分迅速，财富管理服务呈现出非常的动态性和多样性。面对不同的客户及需求，不同的金融机构不可能采取相同的策略去开展这一业务。只有提供与众不同的产品或服务，才能在市场竞争中获胜。

第三，合理地利用金融监管空间、时间。面对新生事物，金融监管常常呈现出落后于市场的局面。往往是业者推出了新的产品，这一产品若产生了巨大的影响，出于保护公众利益的角度，当局就可能会针对这一产品制定某项法令进行监管。当不同金融机构业务日益交叉时，一项新业务的推出从递交申请到最终获批，通常需要经过多个部门长时间的协调才能完成。从商业银行的角度，合理、合法地抓住和利用这些"监管空间、时间"，通过金融工程生产和推出符合市场需求的金融创新产品或服务，就能抢占市场，领先同业。

第四，提高基础保障能力。首先是提高后台保障能力，特别是金融后台系统技术水平。财富管理业务对后台服务有较高的要求，需要支持其复杂的客户特征分析、风险测算、产品设计等。其次是提高财富管理专业人员的业务能力。财富管理业务人员需要具有对客户需求的掌握能力、对理财市场产品的熟悉能力、对宏观经济的敏锐反应能力，以及具有较高的国际化视野。因此，对相关业务人员的持续培训是金融机构提升基础服务能力的保证。

三、民间财富管理的相关研究①

对民间资本投资的研究众多，多集中在民间资本投资领域、民间资本与经

① 王晓燕，郑媛，李丽娟．我国民间资本投资研究综述［J］．2010.

济发展的关系、民间资本投资环境、民间资本优势四大块。

（一）民间资本投资领域

我国的民间资本大部分以储蓄的方式长期存在着，无论存款利率为正抑或为负都岿然不动，其最主要的原因在于民间资本的流动渠道过于单一，且我国的社会保障体系较弱，导致资本大量沉淀（苏自申，2007）。早在 1999 年，厉以宁便发出让民间资本广泛参与的呼声。进入 21 世纪后，学者们越来越多地开始研究如何吸引民间资本广泛参与到包括公路、铁路、电信等城市基础设施的各个领域。唐建新（2000）、肖贤春（1999）、李新永（2000）、王丽娅（2003）等陆续展开在基础设施建设领域引入民间资本的必要性和具体方式的研究。郑延智、刘庆还分别针对吸收民间资本进入收费公路建设和天然气产业发展展开分析。厉以宁（2006）指出民间资本的出路有：（1）在城市商业银行和农村信用社的改革过程中，应让民间资本大量参与；（2）把私募基金合法化；（3）在某些地区成立试点民营银行；（4）重视农村互助基金会。胡佩丽（2007）指出民间资本投资的直接渠道具体主要有 BOT、特许经营和合理购买商业银行不良资产，而中小资本所有者可以通过私募基金、银行牵线做项目、相关金融工具等间接渠道投资。冯连波（2007）在论民间资本的疏导问题时，提出民间资本要坚定地走向农村，为农村金融服务，同时要积极参与行业建设，投资五大主攻方向：投资于资本密集型的电力、冶金、化工、机械装备制造、汽车零部件等工业；投资于部分高新技术产业；投资于基础设施领域；投资于城市化发展；投资于教育、卫生、文化等新型服务业。应宜逊（2010）指出向民间资本开放微型金融机构市场准入，这对于缓解民营经济融资难（尤其是小微企业融资难）和促进金融业的健康发展，都具有重大意义。

（二）民间资本与经济发展的关系

Robert J. Barro（1991）经过分析得出了私人投资和经济增长之间存在着正向相关的结论，这是最早对民间资本与经济发展关系作出定量研究的文献。在我国，著名学者厉以宁首先提出了民间资本的重要作用，他认为吸引民间资本的加入，才能使中国摆脱当时的经济困境。进入 21 世纪后，我国经济快速发展，越来越多的学者注意到了民间资本对于经济的推动作用。安晓云（2001）等提出民间资本的发展有利于实现居民收入水平的稳定增长，从而有效推动消费，最终将促进经济增长。杨国群（2003）、胡岳崛（2004）均认为民间资本投资已逐渐代替国有经济投资成为推动经济持续增长的关键。卢中原（2003）认为目前我国国内民间投资增幅高于国有经济投资、外商及港澳台投资和全社会投资增幅，全社会投资对政府直接投资的依赖程度正在降低，国内民间投资对全社会投资增长的贡献率有所提高，接近国有经济投资的贡献率。过文俊（2005）指出民间资本是推动中国走向强盛的生力军，民间资本富中国。靳香玲、马国强（2009）提出以 BOT 等模式，吸引民间资本投资海南国际旅游岛规划建设的特色项目或产品。蒋丽（2010）指出作为一种根本的生产要素，资本在促进生产力的形成和发展中发挥着重要作用。而民间资本储量巨大，如果能有效使用并且让其优势得以发挥，那么实现资本增值、促进经济发展就不是沙上筑塔。

（三）民间资本投资环境的研究

罗佐县和王书玲（2002）分析了我国民间资本投资的市场环境并指出：我国社会保障制度不完善，使得居民的投资意愿受到抑制，民间投资受到国家一系列壁垒措施的管制，因此国家应该完善社会保障制度、积极引导民间资本的投资、完善服务环境。杨国忠、刘再明（2002）指出外部竞争环境的不公平性和国家金融支持力度不够，使得民间资本的发展受到抑制。吕明元（2003）认为我国经济体制存在的制度性约束抑制了民间投资的热情，主要表现在民间投资的交易费用较高、我国对民间投资的企业产权保护存在问题等方面，另外我国民营企业承受的税费压力大。国家统计局投资司课题组（2003）的《影响民间投资增长的因素分析》指出：影响民间资本投资的主要因素有市场供求、心理预期、利率、税收、市场准入、金融政策、国债、财产保护。潘帮贵（2005）认为我国民间资本投资环境的制约主要表现在我国一直没有一套完整、权威的信息发布制度和优良的咨询服务系统，使得许多资金欲投无门，一定程度上造成了民间投资低水平重复建设和有限资源的浪费。苏自申（2007）认为规范与引导民间资本的正常流动，加强对民间资本的监管可以从界清模糊地带、加大对合法民间信贷行为的保护力度、完善社会信用体系、加大惩处力度、增大违法成本等几个方面着手。张贵堂等（2006）提出应加快创业投资法律制度环境的建设，建立完善的税收制度环境，活化创业投资的退出通道。崔颖（2010）指出加强政策引导，改善投资环境，引导民间资本投入实体经济，大力发展资本市场，化解大规模民间资本的投资压力。

（四）民间投资优势

改革开放以来，浙江民营经济（个体、私营经济）迅速崛起，民间投资快速增长，在发展经济、扩大就业、活跃市场和增加出口等方面发挥了重要作用（沙虎居，2005）。王宗萍（2005）认为民间资本的进一步投入，可以减少政府的压力，而且，由民间提供的服务，可以提高效率、细分市场，达到双赢的局面。徐龙志、赵凯、吴春梅（2006）提出民间资本参与信贷行业，有利

11

于缓解中小企业融资难的问题，与国有资本相比具有信息资源优势、交易成本优势以及担保优势等。李艳锦（2009）指出民间资本融资具有改善农村内源融资的主导格局，改变农村金融体系的单一产权结构，实现资金配置市场化，产业结构的调整和优化，农业生产率等优势。王晓燕、郑媛、李丽娟（2010）指出民间资本投资往往规模较小，因此具有灵活、决策快的优势；民间投资者利益驱动的特点尤为明显，对于风险反应快；民间资本与国有资本比较具有增长快、分散性强和流动性大的优势。翁佩君（2010）指出民间投资的资金来源于数额庞大的社会闲散资金，主要投资于一般竞争性领域，运作效率较高，逐步成为产业增长的重要力量。

四、浙江民间财富管理的现状与需求

改革开放以来，我国民间财富在夹缝中成长，在政策变迁中逐渐发展壮大，正成为我国经济发展中日益重要的推动力。

（一）我国民间资本发展的政策变迁①

第一阶段（1978—1982 年）个体私营经济的恢复和初步发展。1978 年 12 月召开的中共十一届三中全会，拉开了我国改革开放的序幕，明确了全党的工作着重点转移到社会主义建设上来。提出"社会自留地、家庭副业和集市贸易是社会主义经济的必要补充部分，任何人不得乱加干涉"。1980 年 8 月，中共中央转发全国劳动就业会议文件，提出"鼓励和扶植城镇个体经济的发展"。1981 年 6 月，中共十一届六中全会指出"国营经济和集体经济是我国基本的经济形式，一定范围的劳动者个体经济是公有制经济的必要补充"。1982 年 12 月 4 日，全国人大第五次会议通过《中华人民共和国宪法》中的第十一条规定："在法律规定范围内的城乡劳动者个体经济，是社会主义公有制经济的补充"，国家根本大法第一次承认个体经济的合法地位。这一阶段中国私营企业主创办企业的初始资金主要来源于个人或家庭的劳动、经营所得积累。

第二阶段（1983—1988 年）个体私营经济渐成规模。从 1983 年起中共中央加大了经济改革的推进力度。1984 年 10 月 20 日，中共十二届三中全会通过的《中共中央关于经济体制改革的决定》指出"我国现在的个体经济是和社会主义公有制相联系的，不同于和资本主义私有制相联系的个体经济，它对于发展社会生产、方便人民生活、扩大劳动就业具有不可替代的作用，是社会主义经济必要的有益的补充，是从属于社会主义经济的。"1988 年 4 月，第七届

---

① 过文俊. 民间资本富中国 [M]. 中国科学出版社. 2005.

全国人大第一次会议通过《中华人民共和国宪法修正案》，第十一条增加"国家允许私营经济在法律规定的范围内存在和发展，私营经济是社会主义公有制经济的补充。国家保护私营经济的合法权利和利益，对私营经济实行引导、监督和管理。"国家根本大法更加稳固了私营经济的法律地位和经济地位。1988年，私营企业登记总户数是9.06万家，雇佣人数是164万人，个体户大约有2400家。

第三阶段（1989—1991年）个体私营经济在挫折中前进。这一阶段，国家对私营企业的大政方针和基本法律制度并未改变，但是从1989年下半年开始一些主流媒体关于"姓资姓社"问题的争论逐步升级，部分戴着"红帽子"的私营企业家被逮捕或判决。

第四阶段（1992—1995年）高速发展阶段。1992年邓小平南方谈话从根本上解除了把计划经济和市场经济看做是属于社会基本制度范畴的思想束缚，在指导思想上为民营经济的发展扫清了道路。1992年10月召开的中共十四大报告指出"在所有制结构上，以公有制包括全民所有制和集体所有制经济为主体，个体经济、私营经济、外资经济为补充，多种经济成分长期共同发展，不同经济成分还可以自愿实行多种形式的联合经营。"民营经济作为一种经济形态被确定下来，民营经济的力量得到空前膨胀，股份制、联营等投资多元化的经济形式开始出现。在1991年至1995年五年间，全国民间资本投资额为20212.3亿元，是1981年至1990年十年间的2倍多。

第五阶段（1996—1997年）反省调整时期。"九五"初期，伴随着我国经济的"软着落"，我国经济出现社会有效需求不足，经济增长明显放慢，民营企业在高速发展时期存在的管理漏洞、多元决策失误、人才结构失衡、创新不利、资金浪费等许多问题开始暴露。截至1997年底，私营企业96万户，个体户2850万户，私营企业和个体企业的工业产值占全国工业总产值的20%，个体私营经济从业人员6800万人，民间投资增长速度由1993年的56.2%降至1997年的7.9%。

第六阶段（1998—2002年）私营经济发展期与私产保护阶段。2001年我国加入世界贸易组织，投融资体制改革逐步走向深入，市场化进程开始加快。2001年原国家计委出台《关于印发促进和引导民间投资的若干意见的通知》，指出要逐步放宽投资领域，鼓励和引导民间投资以独资、合作、联营、参股、特许经营等方式参与经营性的城市基础设施。2002年中共十六大提出"非公有制经济是我国社会主义市场经济的重要组成部分"，"放宽国内民间资本的市场准入领域"，"完善保护私人财产的法律制度"，民营经济在国民经济中的

13

地位得到提升和确认，我国民营经济开始新一轮理性发展，民间资本投资额逐年增加。到 2002 年底，我国私营企业 243 万户，个体工商户 2377 万户，私营企业民间资本投资额达到 21171.8 亿元，民间投资额占全社会固定资产投资的比重为 48.67%，超过国有经济投资 5.27%。

第七阶段（2003—2009 年）支持与合理引导。2003 年 10 月，十六届三中全会审议通过《关于完善社会主义市场经济体制若干问题的决定》指出："大力发展和积极引导非公有制经济"，"允许非公有资本进入法律法规未禁止的基础设施，公用事业及其他行业和领域"。2004 年 3 月，《中华人民共和国宪法》明确指出："国家保护个体经济、私营经济等非公有制经济的合法的权利和利益，国家鼓励、支持和引导非公有制经济的发展。"从政策和法律上给民营经济的发展提供了制度保障。2005 年 2 月 24 日，《国务院关于鼓励支持和引导个体私营等非公有制经济发展的若干意见》正式出台，将非公经济提到能不能建设小康社会，能否贯彻新的科学发展观的高度，可以看做是保护私有财产合法权益的实施细则。该意见指出积极发展个体、私营等非公有制经济，有利于繁荣城乡经济、增加财政收入，有利于扩大社会就业、改善人民生活，有利于优化经济结构、促进经济发展。

第八阶段（2010 年至今）鼓励与全面支持。2010 年 5 月《国务院关于鼓励和引导民间投资健康发展的若干意见》出台，进一步明确和细化了"非公经济 36 条"等文件中有关放宽市场准入的政策规定，在扩大市场准入、推动转型升级、参与国际竞争、创造良好环境、加强服务指导和规范管理等方面系统提出了鼓励和引导民间投资健康发展的政策措施，是改革开放以来国务院出台的第一份专门针对民间投资发展、管理和调控方面的综合性政策文件。2010 年 7 月 26 日，随着《国务院办公厅关于鼓励和引导民间投资健康发展重点工作分工的通知》的下发，鼓励和引导民间投资健康发展的一揽子政策细化为 40 项明确而具体的工作任务，并逐一分解到国务院 20 多个部门和地方政府，可以看做是民间资本进入垄断行业的一个新的里程碑。2012 年 4 月交通运输部出台《关于鼓励和引导民间资本投资公路水路交通运输领域的实施意见》，2012 年 5 月，铁道部发布《关于鼓励和引导民间资本投资铁路的实施意见》，卫生部下发《关于社会资本举办医疗机构经营性质的通知》，国资委发布《关于国有企业改制重组中积极引入民间投资的指导意见》，证监会发布《关于落实〈国务院关于鼓励和引导民间投资健康发展的若干意见〉工作要点的通知》，银监会发布《关于鼓励和引导民间资本进入银行业的实施意见》，各种指导、实施意见的出台有效促进民营投资进入以前难以进入的一些重要领域。

可以看出，改革开放以来，我国民间资本的发展壮大是人民创造财富的行动和国家政策体制变迁的结果，是思想的改革、体制的改革、意识的改革，民间资本的持续健康发展也将一如既往地需要和期待政策的扶持。

（二）浙江民间资本发展历程

浙江省是中国最早开放的省份之一，改革开放初期，浙江省的创业主体是洗脚上岸的农民，浙江人勤劳聪智，具有浓厚的开放意识和创新意识，与宁波人的智慧、温州人的勇气和杭州的风景一样名扬天下。浙江大地涌起了争相创造财富的经济大潮，形成了一种成熟的发展模式——专业市场＋乡镇工业化，以乡镇企业为主体的民营中小企业蓬勃发展，形成了区域经济高速增长的动力机制，温州模式、义乌模式引起全球瞩目和广泛关注。浙江民营经济占70%以上，中小企业占99%，产品主要以出口国际市场为主。浙江是民营经济大省，而支撑民营经济获得如此发展的大部分资金则来源于浙江的民间资本，大企业可以强国，小企业可以富民，浙江发达的中小企业创造了巨大的民间资本。

浙江是一个资源小省，主要自然资源的人均拥有量大大低于全国平均水平，又地处海防前线，改革开放前30年，国家在浙江的投资累计不到100亿元，是除西藏以外国家投资最少的省。基于这样的背景，浙江的建设必须依靠自身的经济发展，这也使得民间投资起步较早，成为我国民间资本最早发展起来的省份。中共十一届三中全会以后，在改革开放的大环境下，浙江联营、股份制、私营等经济形式日益崛起，民间投资在这一空前的机遇中获得了长足发展。实践证明，政府资本每增长1个百分点能带动GDP增长0.31个百分点，而民间资本每增长1个百分点能带动GDP增长0.38个百分点，这些年浙江民间资本为浙江2010年GDP达到27100亿元、居全国第四作出了非常大的贡献。

"六五"时期，是我国改革开放的初期，随着国家对民间投资限制政策开始逐步放宽，浙江省民间投资热情高涨，增势强劲，年均增速高达21.4%，比同期国有投资高出5.7个百分点。5年内累计完成民间投资160.5亿元，占全社会投资的55.9%。1984年民间投资的发展达到第一个高峰期，增速为65.4%，但总量规模不大。

"七五"时期，由于受经济体制改革滞后、经济发展放缓的影响，民间投资陷入了低潮，年均增速降为14.9%，低于同期国有投资增速5.0个百分点。1989年，由于国家实施紧缩政策，民间投资出现了第一个低谷，下降8.8%。这是自1980年以来的首次负增长，达到了20多年来的最低点。但是该时期民间投资总量仍在扩张，累计完成 469.17 亿元，比"六五"时期扩大了近 2 倍。

"八五"时期，浙江省经济增长驶入快车道，各级政府也出台了一系列鼓励和加快民间投资发展的政策和措施，民间投资形势好转，投资增幅迅速回升，年均增速高达 55.0%，比同期国有投资高出 18.4 个百分点。特别是 1992 年邓小平南方谈话以后，经济领域发生了巨大的变化，联营、股份制等新的经济形式取得了长足的发展，民间投资主体多元化发展的序幕迅速拉开。1993 年，浙江省民间投资发展达到第二个高峰期，也是近 20 多年来的最高点，增速为 69.7%，比第一个高峰期的 1984 年提高了 4.3 个百分点。"八五"期间，民间投资规模达到 2153.86 亿元，是"七五"时期的 4.6 倍；占全社会投资比重高达 59.0%。"八五"后期，面对通货膨胀压力不断加大，浙江省积极贯彻国家适度从紧的宏观经济政策，适度控制投资规模，民间投资出现了增长逐年放慢的态势。

"九五"时期，由于受国际国内大环境的影响，经济出现通货紧缩，社会有效需求不足，经济增长明显放慢，浙江省民间投资增长势头比"八五"时期明显减弱，年均增速仅为 9.1%，比同期国有投资低 5.8 个百分点。比"八五"时期低 45.9 个百分点。民间投资占全社会投资的比重为 56.6%，低于"八五"时期 2.4 个百分点。1997 年民间投资出现了第二个底谷，增速为 4.6%。"九五"后期的 1998 年以来，国家为启动经济，努力扩大内需，实施积极的财政政策和稳健的货币政策，在加强基础设施建设的同时，把启动和激活民间投资作为推动投资增长的着力点，全省民间投资明显回升、呈现出投资总量攀升、增长速度加快的态势。①

"十五"时期，浙江民间投资 5 年累计 13251 亿元，年均增长 32%，占全社会投资的 55%，民间投资成为浙江省投资快速增长的重要力量。2001—2004 年，在国家积极财政政策的作用下，浙江省积极启动和激活民间投资，民间投资呈现快速增长之势。2002 年，民间投资增长 57.5%。针对我国出现的局部投资过热问题，2004 年以来，国家采取了一系列宏观调控措施，浙江省民间投资快速增长势头有所控制。2005 年由于制造业和房地产投资增速回落所致，民间投资比上年仅增长 10.9%，民间投资占全社会固定资产投资的比重为 54.2%，比上年下降 3.8 个百分点。

"十一五期间"，2006—2010 年，浙江民间投资分别增长 16.0%、12.3%、11.0%、7.4%、24.7%，2008 年受国际金融危机的影响，增长放缓，2009 年

---

① 潘俊国. 浙江民间投资发展状况及对策思考 [M]. 浙江投资，2002（12）.

尽管国家出台 4 万亿元投资计划，浙江省国有及国有控股投资增长 25.6%，但民间资本增速却跌至低谷，大大低于国有投资的增速，显示浙江民间资本未被激活，2010 年在国家和浙江省支持民间投资政策的带动下，浙江民间投资 6606 亿元，增速达到 24.7%，增速比国有投资高 16.3 个百分点，占投资总额的 57.1%。

（三）浙江民间资本的特点

1. 区域民间资本数量庞大。浙江区域经济发展已呈现出"多头并进、均衡发展"的特征，出现了"温州模式"、"义乌模式"、"宁波模式"、"永康模式"等。各区域经济体产业集群化发展，资本也经常抱团取暖，浙江人极强的投资意识加上资本逐利的本性，让区域民间资本的扩张格外引人注目。比如温州是民营企业的发祥地，温商资本是浙商资本里面的最主要组成部分，民营民有、民富是温州的精神特色，温州已经成为我国民间资本发展最快的地区之一，据不完全统计，流动的民间资本已经达到 6000 亿元，而且每年以 14% 的速度快速增长。2009 年温州民间投资与国有投资的比重是 2∶1，民间自由资金包括民间借贷与银行贷款的比例大致是 7∶3，民间资本已经成为调整产业结构，推动经济发展不可或缺的重要力量。

2. 流动活跃。资本的逐利性决定了资本必然处于一种不断流动的状态，而由于我国目前资本流动渠道的单一性及官方利率的偏低，浙江民间资本普遍不满足于银行储蓄的低利息，体外民间资本流动非常活跃，流动频繁，遍布国内外，涉及各行各业。近年来受到国家宏观政策的影响，部分民间资本注重短期操作，快进快出，伺机而动，流动性非常强。

3. 逐利性强。"哪里有利润，资本就流向哪里"，利润永远是驱动资本流动的动力源泉。浙江省民间资本在中国乃至全球都投资活跃，浙江省民间资本被人们用一个炒字来形容，如炒房、炒煤、炒棉、炒矿、炒石油等。除此之外，电力、水力、能源、交通、水利、金融甚至文化产业都同样受到浙江民营资本的追捧。

4. 民间资本溢出。市场经济的发展带来民间资本跨区域流动，是民营经济总量持续扩张、投资领域拓宽、外向化程度提高、企业规模日益扩大和组织结构不断调整的必然趋势，也是经济主体行为市场化，企业追求理论化目标的结果。近 5 年来浙江省内的投资低于周边兄弟省市的投资，很大一部分原因在于浙江民间资本的出走在外。可以说浙江是民间资本溢出地，为推动国内其他城市的发展作出了重要贡献。浙江有 440 万浙商在全国经商办企业，有 140 万浙江人在世界各地办企业。以温州为例，温州在外的投资将近 3000 亿元，在

17

外地创办的工业企业有3万家，其中，亿元以上的企业近500家，可以说在温州外面还有一个温州。据统计，浙江省在外创业人数超过640万人，2008年销售规模1.767万亿元，相当于2008年浙江地区生产总值的80%以上，几乎在省外再造一个浙江，投资总额达到3.89亿元，满天飞的浙江企业无疑推进了所在地的经济快速发展，但对浙江本土经济来说却存在一些消极影响。

5. 民间资本全球化。浙江是资源小省，加工制造业发达，外向型程度较高，企业的原料和市场"两头在外"，受到资源要素倒逼因素影响，必须走出去，更好地参与国际分工。截至2012年5月底，全省经省商务厅审批和核准的境外企业和机构已经达到5381家，总投资达120.9亿美元。2010年8月吉利以18亿美元收购沃尔沃，复星集团通过其在香港的上市公司复星国际作价近2.1亿元人民币收购地中海俱乐部等。

6. 民间金融规模巨大。浙江的民间融资传统可以追溯到20世纪70年代。从那时开始，民间借贷便悄然兴盛起来，民间资本以前大多只是以地下钱庄的方式运作，很多中小企业的"第一桶金"大都缘于民间融资，真正来源于银行贷款的很少，这一状况一直持续至今，现在浙江是中国民间金融最发达的省份之一。浙江民间资本相对充裕，不少企业主经过多年积累手中掌握了大量现金，他们热衷于通过民间金融这种"钱生钱"的方式来投资获利。民间金融有利于资金资源的优化配置，促进本地贷款规模的扩张，有利于弥补信贷资金对中小企业的支持不足，但是由于金融市场监管缺位、融资借贷不规范、高利贷盛行，浙江省非法集资大案要案频发，增加了社会不稳定性。浙江仅吴英案涉案总金额就高达14亿元人民币，可见浙江民间金融规模之大。

（四）浙江民间资本财富管理的必要性分析

对民间资本进行财富管理，确保实现民间资本保值增值、持续稳定健康发展，是财富管理的需要，是实现私有财产权益保护的需要，是促进浙江经济发展的需要。中外财富积累的无数事实证明，无论是企业还是个人财富的积累，靠的应是经年累月的辛勤劳作，靠的应是知识、经验、技术的不断积累和发明创造，靠的应是科学严谨的管理和经营。30多年来的富民政策，使民间集聚了大量的社会财富，波士顿咨询公司（BCG）发布的报告认为，中国财富管理市场的增长将继续，单是2008年底到2009年底就增长约28%，达5.4万亿美元。2009年，中国百万美元资产家庭数量达670000户，位列全球第三，仅次于美国和日本。根据贝恩公司发布的《2009国内私人财富报告》，2009年底，国内个人持有可投资资产1000万人民币以上的高净值人群估计达到32万人，同比增长6%；其持有的可投资资产规模将超过9.3万亿元人民币，同比增长7%。当这些财富试图谋取更大经济利益时，就转化成了资本。

1. 宏观层面。

（1）宏观调控困境。当前中国经济出现增量滞胀，即增速趋于放缓，同时通胀趋于攀升，宏观调控陷入两难境地。这与1985年、1993—1994年、2008年经济情况类似，出现这种局面主要是长期使用凯恩斯主义政策刺激需求的结果。所以当前宏观调控不应一味施行该政策，而应使用供给学派政策改善供给，主要包括降低税率、放松管制、搞活企业。与其振兴产业，不如搞活企业，尤其是吸引民营资本介入，通过降低税率、放松管制、搞活企业的方式实现经济振兴，尤其是刺激民间资本投资。

（2）资本的逐利性。逐利性是资本的天性，浙江人有天生的投资才能，浙江民间资本可以尽情地寻找和发挥资本的增值渠道，但资本市场的一个重要特征，就是"个体的非理性导致集体的非理性"。如果任由以投机为目的的"热钱"在市场上狼奔豕突，势必造成经济恶果，从而要由政府和全社会为之埋单。2010年中国自然灾害频发，导致部分农产品减产，种植面积减少，大蒜、绿豆、生姜等不起眼的农产品开始成为大量民间资本市场的新宠。粮食等大宗商品国际市场进一步"金融化"，大量"热钱"炒作农产品期货，在一定时间内放大了国际粮价的波动性，使农产品成为资本投机性"热钱"新的"战场"。浙江上万亿元的民间资本在银行体系之外，会给浙江金融部门业务发展带来很大影响，对资金的正常需求和安排利用都带来很大的影响，冲击了金融部门对金融流动的监管。民间资本集中时间对某一行业、某一地区的扩张性流动，虽然是市场选择的结果，但确实存在着极大的盲目性，特别是以短期套汇为主的投机行为，风险难以控制。2008年，俄罗斯灰色清关事件让温州民资损失数十亿元人民币；温州民间资本在迪拜的楼市资金被套达十几亿元人民币；2009年山西煤改，有500亿元浙江资本深陷其中，损失超过150亿元。

民间资本的特点及其对宏观经济的影响，决定了对民间资本财富管理的必要性，这是事关国家经济金融稳定、人民安居乐业的大事，从宏观角度，如何在政策体制等方面破除各方面障碍，引导民间资本投入，促进民间资本与区域产业有效对接，要素有机融合，宏观政策协调配合，促进区域经济增长和产业结构调整，推动区域经济社会可持续发展，已成为各级政府及有关部门日益关注的重大问题。

2. 中观层面。

浙江民间资本不仅为国家统筹区域发展以及浙江经济发展作出了贡献，而且延伸了浙江的产业链，推动了浙江产业的梯度转移，促进了资源要素的合理流动和优化配置。浙江省中小企业虽然十分发达，但是难以完全适应现代社会化大生产和市场需求的新变化。2006 年，浙江全省各地开始按照"腾笼换鸟"的决策，全面开始实施以创新为抓手的产业转型，适时适当发展"重、大、国、高"来优化和提升产业，促进经济转型升级。民间资本是顺应市场经济发展潮流发展形成的合理的资本形式，已从剩余资本发展成为产业资本和金融资本。为充分发挥民间资本的作用，可以将民间资本和产业资本有效对接，把民间信用的资金引导到发展生产、繁荣经济上，鼓励民间资本投向科技研发、产品升级以及高新技术产业，提升浙江产业技术与企业竞争力，鼓励并支持民间资本投资太阳能、风能、新材料、节能环保、生物工程、信息网络、高端制造业、现代服务业、海洋经济，促进浙江经济转型升级。浙江各地可以结合当地经济特点，筛选出具有地方特色和相对优势的若干个产业，积极引导民间资本进行重点的培育和扶持。浙江民间资本除了产业转移外，还可以投资资源和能源型企业与基础设施，进入部分垄断性行业，引导资金流向，进行专业化、有序的管理和运作，使资金能得到长期、合理的回报，同时将浙江民间资本引入推动浙江当地的产业升级、提升产业技术与企业竞争力这样一个大方向。

3. 微观层面。

改革开放以来，一部分人实现了先富起来，据统计，有 8.6% 的富裕家庭拥有全部金融资产的 31.43%。随着中国经济的不断发展，中国的个人财富积累已蔚为可观。改革开放的不断深入造就了大量中青年富裕人士，也造就了一大批中产阶层。据对城乡住户抽样调查，浙江省城镇居民人均可支配收入30971 元，农村居民人均纯收入 13071 元，城镇居民人均可支配收入连续 11 年居全国第 3 位，农村居民人均纯收入连续 27 年列各省（自治区）第 1 位。2011 年，城镇居民人均可支配收入中位数为 27283 元，比上年增加 3883 元，增长 16.6%。农村居民人均纯收入中位数为 11553 元，比上年增加 1557 元，增长 15.6%（见图 1 - 1）。

浙江已经成为财富最为高度集中的地区之一。置身于一个如此庞大并处于高速成长期的市场，同时浙江人天生富于经营和理财头脑，为开展财富管理业务提供了千载难逢的机遇。另外，随着老龄化速度的加快，人们对建立退休、教育和应急基金，管理个人资产和债务，为未来生活提供保险、合法避税和积累财富等将产生越来越大的需求。目前国内商业银行的投行、电子银行和理财业务发展较快，基本形成了现代金融市场体系的整体框架，这就在制度上和体制上为个人开展财富管理业务提供了保证。从微观角度，如何加强对区域民间资本的管理与引导，引导民间资本从"地下隐蔽"转为"公开透明"运作，

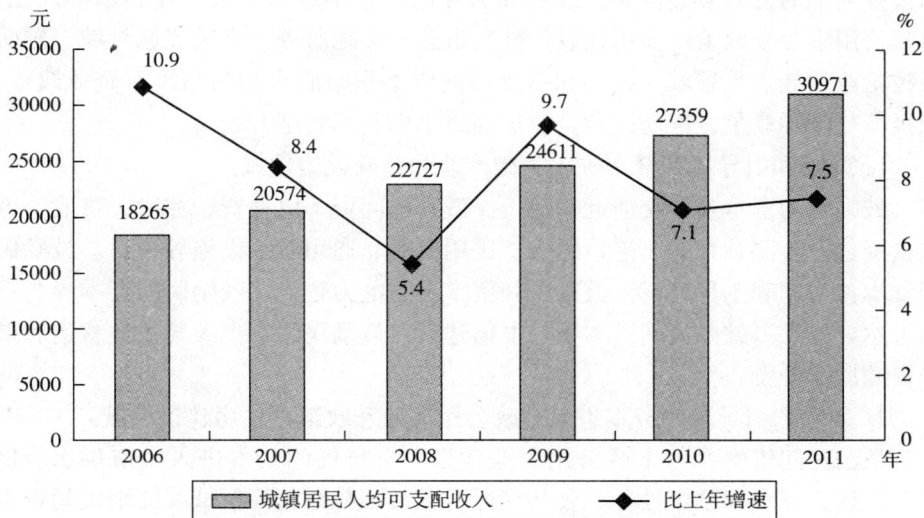

资料来源：2011 年浙江省国民经济和社会发展统计公报。

图 1-1　2006—2011 年城镇人均可支配收入及实际增长速度

21

解决民间资本发展天生的、内在的自发性、无序性，防止对社会生活、金融市场正常秩序产生冲击，对降低区域金融风险，维护区域经济社会稳定有着重要意义。

五、浙江民间财富管理发展的方向与路径

（一）"新36条"指引民间资本发展方向

2010 年 5 月 13 日，国务院正式公布了《关于鼓励和引导民间投资健康发展的若干意见》（简称"新36条"），鼓励和引导民间资本进入法律法规未明确禁止准入的行业和领域。规范设置投资准入门槛，创造公平竞争、平等准入的市场环境。市场准入标准和优惠扶持政策要公开透明，对各类投资主体同等对待，不得单对民间资本设置附加条件。明确界定政府投资范围。政府投资主要用于关系国家安全、市场不能有效配置资源的经济和社会领域。对于可以实行市场化运作的基础设施、市政工程和其他公共服务领域，应鼓励和支持民间资本进入。国有资本要把投资重点放在不断加强和巩固关系国民经济命脉的重要行业和关键领域，在一般竞争性领域，要为民间资本营造更广阔的市场空间。积极推进医疗、教育等社会事业领域改革。将民办社会事业作为社会公共事业发展的重要补充，统筹规划，合理布局，加快培育形成政府投入为主、民

间投资为辅的公共服务体系。鼓励和引导民间资本进入基础产业和基础设施、市政公用事业和政策性住房建设、社会事业、金融服务、商贸流通领域、国防科技工业领域六大领域。鼓励和引导民间资本重组联合和参与国有企业改革，积极参与国际竞争，推动民营企业加强自主创新和转型升级。

1. 鼓励和引导民间资本进入基础产业和基础设施领域。

鼓励民间资本参与交通运输建设。鼓励民间资本以独资、控股、参股等方式投资建设公路、水运、港口码头、民用机场、通用航空设施等项目。鼓励民间资本参与水利工程建设。鼓励民间资本参与电力建设。鼓励民间资本参与石油天然气建设。鼓励民间资本参与电信建设。鼓励民间资本参与土地整治和矿产资源勘探开发。

2. 鼓励和引导民间资本进入市政公用事业和政策性住房建设领域。

鼓励民间资本参与市政公用事业建设。支持民间资本进入城市供水、供气、供热、污水和垃圾处理、公共交通、城市园林绿化等领域。鼓励民间资本参与政策性住房建设。

3. 鼓励和引导民间资本进入社会事业领域。

鼓励民间资本参与发展医疗事业。鼓励民间资本参与发展教育和社会培训事业。鼓励民间资本参与发展社会福利事业。鼓励民间资本参与发展文化、旅游和体育产业。

4. 鼓励和引导民间资本进入金融服务领域。

允许民间资本兴办金融机构。支持民间资本以入股方式参与商业银行的增资扩股，参与农村信用社、城市信用社的改制工作。鼓励民间资本发起或参与设立村镇银行、贷款公司、农村资金互助社等金融机构，放宽村镇银行或社区银行中法人银行最低出资比例的限制。

5. 鼓励和引导民间资本进入商贸流通领域。

鼓励民间资本进入商品批发零售、现代物流领域。支持民营批发、零售企业发展，鼓励民间资本投资连锁经营、电子商务等新型流通业态。

6. 鼓励和引导民间资本进入国防科技工业领域。

鼓励民间资本进入国防科技工业投资建设领域。引导和支持民营企业有序参与军工企业的改组改制，鼓励民营企业参与军民两用高技术开发和产业化，允许民营企业按有关规定参与承担军工生产和科研任务。

"新36条"与"老36条"① 相比，第一，"新36条"在一定程度上淡化

---

① 即2005年颁布的《国务院关于鼓励支持和引导个体私营等非公有制经济发展的若干意见》。

了意识形态色彩，没有再次提到非公有资本和非公有企业，更符合市场经济的运作规律。第二，"新36条"条文中措辞主要是"鼓励和引导"，而"老36条"条文中的措辞主要在讲"允许"。第三，"新36条"切实扩大了民间投资的范围，保护和鼓励民间投资行为，比如铁路。"新36条"以及7月26日发布的《鼓励和引导民间投资健康发展重点工作分工的通知》的出台使民营企业有更加广阔的发展空间，鼓励民间投资，积极将民间资本转化成民间投资，但在以下两方面没有新的突破：第一，没有明确提出打破行政垄断，没有明确要求国有资本从一般竞争性领域退出；第二，没有讲清楚谁来监督落实？目前各种经济关系和利益格局均已形成，动一动都很困难，让相关权力部门以及各垄断部门自己退出有些"一厢情愿"。

（二）浙江省民间资本发展引导

作为民营经济大省，浙江一直积极支持、鼓励民营经济和民间资本的发展，初步形成了经济增长的内生动力，为了更好地贯彻落实国务院鼓励引导民间投资的"新36条"意见，浙江积极行动，8月20日，《浙江省关于鼓励和引导民间投资健康发展的实施意见》已经省政府常务会议审议通过，意在充分发挥民间投资在后国际金融危机时期转型发展中的重要作用，再创浙江民营经济的特色优势。该意见中一是第一次提出民间资本投资在浙江投资当中主体地位的作用和问题。二是在国家允许范围内的基础上，再次扩大民间资本可投资的范围，比如海洋开发利用等领域。浙江省当前重点发展的商贸综合体、创意产业园、信息与服务外包基地等现代服务业以及先进装备、节能环保、海洋开发利用等九大战略性新兴产业。三是大力发展创新发展地方性的金融机构，这和浙江近年来大力发展小额贷款公司和村镇银行等相关联。浙江省内《浙江省温州市人民政府关于鼓励和引导民间投资健康发展的实施意见》、《杭州市人民政府关于鼓励和引导民间投资健康发展的实施意见》、《宁波市人民政府关于进一步鼓励和引导民间投资健康发展的若干意见》也陆续颁布，全方位支持落实国家支持民间投资政策，并扩宽民间资本的投入领域和范围，鼓励地方金融创新扩大民间投资以及改善政府在民间投资的服务等方面作出规定，深入支持民间资本发展。

（三）浙江民间财富管理发展的方向与路径

1. 民间资本投资的发展方向与路径。

在国务院"新36条"、宏观经济持续向好等一系列有利因素的促进下，浙江民间资本日趋活跃，未来浙江民间资本投资发展的方向为：

第一，民间资本向产业资本转化。近年来，由于传统产业利润过低，浙江民间资本出现了"漂移"现象,即资本从实体经济溢出,向虚拟经济过渡,这对于实体经济的发展、就业以及社会稳定都会带来一系列问题,应该重新增强实体经济吸引力,促使更多资金尤其是民间资本回流到实体领域,进一步增强经济发展的可持续性。我们认为"十二五"期间,浙江民间资本有两大实体领域可以大有作为。首先是传统垄断行业,即水利、电力、电信、石油、交通等行业,当前国家鼓励和支持民间资本进入垄断行业,民间资本可以趁机回归实体经济领域,这样才有利于民间资本的稳定和健康发展,有利于发展壮大民营企业群体。其次是低碳行业,低碳是未来经济发展的趋势,浙江省全方位支持中小企业转型升级,民间资本可抓住机遇,增加研发投入,提高自主创新能力,掌握拥有自主知识产权的核心技术,实施品牌战略,实现产品更新换代,大力发展循环经济、绿色经济,投资建设节能减排、节水降耗、生物医药、信息网络、新能源、新材料、环境保护、资源综合利用等具有发展潜力的新兴产业。

第二,民间资本向金融资本转化。允许民间资本投资金融领域,一方面可以拓宽民间资本投资领域,使大量民间储蓄资金完成向民间资本甚至金融资本的转化,在增加民间投资收益的同时,发挥金融资本的杠杆作用,集聚社会财富为经济发展服务。另一方面也是有效解决民间融资难的有效途径,将"草根金融"与"草根经济"对接。另外,可以吸引社会上大量的民间闲散游资,有利于引导民间资本从虚拟经济向实体经济流动,避免民间资本集中在楼市、股市以及生活必需品市场炒作,影响经济正常发展和居民生活质量。民间资本可以参与商业银行的增资扩股、农村信用社和城市信用社的改制,发起或参与设立村镇银行、贷款公司、农村资金互助社等金融机构,设立金融中介服务机构等。

第三,民间资本进入公共服务行业。民间资本进入城市供水、供气、供热、污水和垃圾处理、公共交通、城市园林绿化等领域。民间资本积极参与市政公用企事业单位的改组改制,具备条件的市政公用事业项目可以采取市场化的经营方式,向民间资本转让产权或经营权。民间资本投资建设经济适用住房、公共租赁住房等政策性住房,参与棚户区改造,享受相应的政策性住房建设政策。民间资本兴办各类医院、社区卫生服务机构、疗养院、门诊部、诊所、卫生所(室)等医疗机构,参与公立医院转制改组,民间资本兴办高等学校、中小学校、幼儿园、职业教育等各类教育和社会培训机构。通过用地保障、信贷支持和政府采购等多种形式,鼓励民间资本投资建设专业化的服务设施,兴办养(托)老服务和残疾人康复、托养服务等各类社会福利机构。民间资本从事广告、印刷、演艺、娱乐、文化创意、文化会展、影视制作、网络文化、动漫游戏、出版物发行、文化产品数字制作与相关服务等活动，建设博物馆、图书馆、文化馆、电影院等文化设施。

第四，民间资本集群式发展。浙江推动块状经济向现代产业集群转型，产业集群作为实体经济的有效支撑，无论在集群生命周期的哪个发展阶段，都需要民间资本的持续投资，并带动更多资金形式和资源形式共同扶持和促进集群的健康快速发展。同时，与其他资本的性质一样，追逐更高收益和分散投资风险是民间资本投资于产业集群的内在动力。产业集群选择民间资本作为资金来源，相对银行信贷和其他融资方式而言，具有融资效率高、融资成本低以及诚信约束强等比较优势。同时我们认为尽管国家鼓励和支持民间投资垄断行业，但是由于垄断行业巨大的资金要求，实际上单个民营企业很难进入，民间资本集合起来组建产业投资联盟可以"抱团出击"以降低投资风险，确保投资收益，这种民间资本集群化发展是一种很好的运作方式。

第五，民间资本驶入海洋经济。国务院正式批复《浙江海洋经济发展示范区规划》，这意味着浙江省诞生了首个纳入国家发展战略的规划，这也是我国第一个海洋经济示范区规划。该规划明确鼓励民营经济参与海洋开发，给民营资本进入海洋开发扫清了政策性障碍。浙江省发展海洋经济需要坚持"扬长补短"方针，建立并完善以国资为导向，民资为主体，外资为补充，直接融资和间接融资为手段的多元化投融资格局，尤其要充分挖掘好、引导好和利用好民间资本。浙江省发展改革委在《浙江省"十二五"海洋经济强省建设研究》中表示：优化浙江民营经济发展环境，争取在海洋航运、旅游、石化、船舶、装备、海水淡化等领域培育一批具有较强国际竞争力的民营企业集团。浙江将支持民营企业参与港口物流、战略物资储运、船舶、石化、海洋装备等产业；民营企业若进军海洋教育、海洋科研领域，将和国有企业享受同等优惠待遇；而滩涂、海岛、海洋能等领域开发，民营企业同样可以自由进入……这给浙江民间资本带来了巨大的商机。

第六，民间资本国际化。民营企业"走出去"，积极参与国际竞争。民营企业在研发、生产、营销等方面开展国际化经营，开发战略资源，建立国际销售网络。民营企业利用自有品牌、自主知识产权和自主营销，开拓国际市场，加快培育跨国企业和国际知名品牌。民营企业之间、民营企业与国有企业之间组成联合体，发挥各自优势，共同开展多种形式的境外投资。

2. 民间融资方向与路径。

民营中小企业的发展壮大，民间资本的保值增值，除了投资因素外，还跟融资密切相关，便利的融资可以支持民营企业财富保值增值。融资难一直是民营企业发展的桎梏，当前，民营企业的资金来源主要还是靠自我积累和滚动发展，金融机构的信贷支持很有限，由于体制因素，银行对民营企业"惜贷"心理严重，同时也由于民营企业自身素质的缺陷，使银行对其贷款存在抵押担保难、跟踪监督难、维护债权难等问题。

各类金融机构要在防范风险的基础上，创新和灵活运用多种金融工具，加大对民间投资的融资支持，加强对民间投资的金融服务。浙江省政府及有关监管部门要不断完善民间投资的融资担保制度，健全创业投资机制，发展股权投资基金，继续支持民营企业通过股票、债券市场进行融资。

3. 民间资本理财方向与路径。

在民间资本处于睡眠状态、投资渠道匮乏的同时，浙江省数以万计的中小企业面临着融资难题。理财服务的推出可以为两者牵线搭桥，发挥积极的中介作用。随着浙江中等收入阶层的不断壮大，更多的人开始关注个人理财，金融理财产业在浙江异军突起。目前，民间资金的理财服务一方面是直接投资，投资于股票、房地产、私募股权投资基金等，自己打理财富，另一方面是委托银行、信托提供高端理财服务，总体而言，民间资本理财的方向就是做好民间资本财富管理，保持财富的可持续增长。

第二章 浙江民间资本向产业资本转化研究

一、浙江民间资本向产业投资的现状分析

按照前文所述，本书参照《浙江统计年鉴》，浙江民间投资＝限额以上民间投资＋限额以下固定资产投资。

（一）浙江民间资本投资的总量分析

浙江是中国民营经济的发源地之一，一直是私营经济比较发达的地区。按照国务院研究中心金融研究所张承惠的测算，1980—2002 年浙江民间投资年增长为 25.2%。通过《浙江统计年鉴》计算浙江从 2003 年到 2010 年的民间投资数据，浙江民间投资已稳定占据全社会固定资产投资的半数以上，明显高于国有投资；从 2010 年的情况来看，民间投资占全社会固定资产投资的比重达到 53%。

但是，从增长幅度来看，民间投资 2009 年、2010 年分别增长 14%、9%；而 2009 年、2010 年国有投资增长率分别为 26%、7%。特别值得关注的是 2009 年，浙江民间资本的固定资产投资增长远远落后于国有资本；浙江民间资本在投资上虽然数量巨大，但也面临一定的问题，这也是很多学者提出的"国进民退"。

表 2 - 1　　　　　浙江民间资本投资和国有资本投资比较　　　单位：亿元

年份	全社会固定资产投资	增速	限额以上民间投资	占比	增速	限额以上国有投资	占比	增速
2006	7594	13%	4113	54%	13%	2535	33%	12%
2007	8420	11%	4701	56%	14%	2660	32%	5%
2008	9323	11%	5266	56%	12%	2899	31%	9%
2009	10742	15%	6013	56%	14%	3644	34%	26%
2010	12376	15%	6569	53%	9%	3888	31%	7%

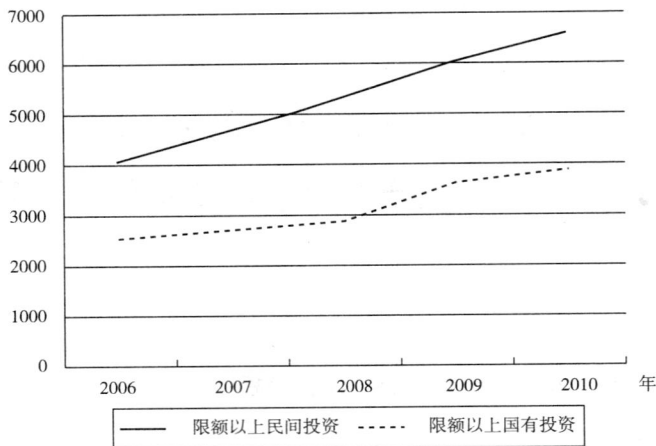

图 2-1 浙江民间资本投资和国有资本投资总量趋势

（二）浙江民间资本投资的产业分布

浙江民间资本投资方向，受制于我国产业政策、准入制度等因素的影响，主要集中在一般竞争性行业和产业。根据陈明淑和王元京（2004）将 16 个门类按性质合并成三大行业，其中一般竞争性行业包括：（1）农林牧渔；（2）制造业；（3）建筑业；（4）批发零售餐饮业；（5）房地产业。民间资本的一般竞争性行业投资占比超过 90%，且有不断增加的趋势；其中，又主要集中于房地产业和制造业，分别占比 40% 和 50% 左右。从此可以看出浙江民间资本主要集中于政策放开的竞争性领域，而参与垄断性行业和公共事业领域较少；服务性行业的投资也很缺乏。特别是，民间投资大量集中于房地产业，易受政策影响和冲击，呈现短期化倾向。

从增长幅度来看，2010 年浙江民间资本 52% 投资于制造业，39% 投资于房地产业。两者都低于 2009 年民间资本投资增长比例，主要是受金融危机和房地产新政影响，制造业和房地产投资都受到了一定程度的影响。

表 2-2　　　　　　　浙江非国有资本投资的产业分布　　　　　　单位：万元

行业	2006 年	2007 年	2008 年	2009 年	2010 年
农林牧渔业	82578	87599	100934	114378	213727
采矿业	71672	88319	94845	86647	168750
制造业	21370047	25213213	28630774	32019812	33924374
电力、燃气及水的生产和供应业	1069508	1373324	856896	822972	761396
建筑业	77459	137950	92851	148956	174097

行业	2006 年	2007 年	2008 年	2009 年	2010 年
交通运输、仓储和邮政业	1017646	546759	679727	840930	1032819
信息传输、计算机服务和软件业	146299	125780	131971	146098	269167
批发和零售业	365021	734946	1067346	1173227	1376838
住宿和餐饮业	385551	530297	735969	669843	973362
金融业	15369	20456	25180	35365	89586
房地产业	12749170	13740424	16461600	18606809	21246586
租赁和商务服务业	258020	376398	384228	444666	662302
科学研究、技术服务和地质勘察业	32511	59732	49214	130885	108809
水利、环境和公共设施管理业	672368	804412	672519	816014	851308

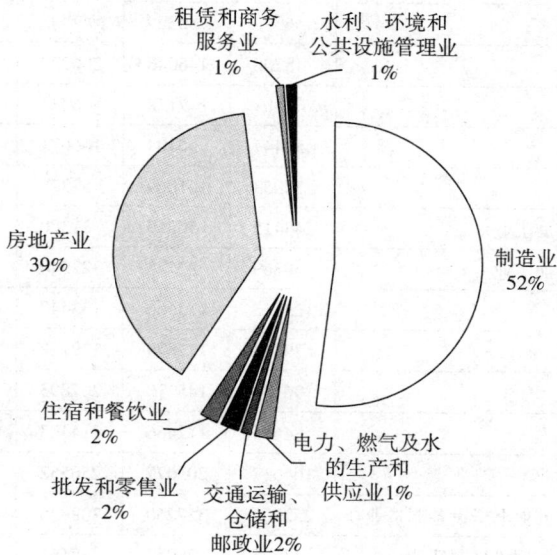

图 2 - 2　2010 年浙江民间投资行业分布图

表 2 - 3　　　浙江非国有资本投资于制造业的分布　　单位：万元

行业	2006 年	2007 年	2008 年	2009 年	2010 年
农副食品加工业	101115	11087	24093	32811	24145
食品制造业	57379	34972	44534	31565	16706
饮料制造业	16196	44397	128179	21501	29536

行业	2006 年	2007 年	2008 年	2009 年	2010 年
纺织业	493921	440396	457540	344293	339810
纺织服装、鞋、帽制造业	183087	260785	224206	151128	163562
皮革、毛皮、羽毛（绒）及其制造业	39478	49618	28842	32329	34322
木材加工及竹、藤、棕、草制品业	16795	29602	24608	20191	11038
家具制造业	82586	63936	52532	69561	52685
造纸及纸制品业	71028	151910	192331	175469	114291
印刷业和记录媒介的复制	19057	19110	25115	11438	5363
文教体育用品制造业	39675	37210	41148	43225	37690
石油加工、炼焦及核燃料加工业		30689	81502	32352	24289
化学原料及化学制品制造业	605158	186741	238295	315722	195148
医药制造业	36978	56309	47783	88616	114570
化学纤维制造业	48208	146046	206222	135333	62463
橡胶制品业	881	7138	6734	9037	8707
塑料制品业	57447	96104	106671	94032	125169
非金属矿物制品业	38953	61069	57375	64077	61324
黑色金属冶炼及压延加工业	44415	50219	21300	43399	47718
有色金属冶炼及压延加工业	33369	22775	22540	21533	31448
金属制品业	123813	115666	133440	125179	137635
通用设备制造业	79314	112879	179122	201540	208589
专用设备制造业	96182	145270	207893	181774	137285
交通运输设备制造业	84695	172466	214403	194602	326208
电气机械及器材制造业	164617	203077	256552	293207	365286
通信设备、计算机及其他电子设备制造业	252309	327260	308946	287896	239856
仪器仪表及文化、办公用机械制造业	33625	28052	38161	12666	30462
工艺品及其他制造业	49590	22143	29458	21713	33155
废弃资源和废旧材料回收加工业	700		10368	5517	3122

　　再来看浙江民营企业经营情况：受金融危机影响，民营企业的经营情况不容乐观。从 2010 年规模以上民营企业来看，7% 的企业亏损，亏损面积严重，资产利润率 6% 左右，盈利能力大不如前，反映了民营企业生存的困难。

表 2 - 4　　　　　　　　2010 年规模以上民营企业经营情况表

行业	企业单位数（个）	亏损企业（个）	工业总产值（亿元）	资产利润率
黑色金属矿采选业	4	0	3.54	25.24%
有色金属矿采选业	20	3	19.67	17.84%
非金属矿采选业	162	14	50.38	7.03%
农副食品加工业	862	71	429.71	6.56%
食品制造业	283	30	127.1	5.97%
饮料制造业	245	28	121.69	6.09%
烟草制品业	1		0.09	7.41%
纺织业	7143	497	3506.14	5.05%
纺织服装、鞋、帽制造业	2186	219	855.31	7.52%
皮革、毛皮、羽毛（绒）及其制品业	1826	88	739.91	7.24%
木材加工及木、竹、藤、棕、草制品业	806	37	295.3	10.98%
家具制造业	694	75	293.85	5.14%
造纸及纸制品业	1266	117	537.12	5.02%
印刷业和记录媒介的复制	856	63	203.12	3.71%
文教体育用品制造业	842	73	237.38	5.75%
石油加工、炼焦及核燃料加工业	46	6	26.08	6.25%
化学原料及化学制品制造业	1585	119	946.55	8.20%
医药制造业	270	30	145.32	5.47%
化学纤维制造业	315	21	568.02	6.01%
橡胶制品业	593	43	196.8	6.54%
塑料制品业	3092	185	1265.12	6.94%
非金属矿物制品业	1418	129	741.96	6.23%
黑色金属冶炼及压延加工业	706	77	852.75	6.10%
有色金属冶炼及压延加工业	708	56	941.48	7.35%
金属制品业	3163	223	1258.9	6.09%
通用设备制造业	5498	258	2113.28	6.30%
专用设备制造业	1809	102	594.02	6.39%
交通运输设备制造业	2553	182	2055.47	5.37%
电气机械及器材制造业	4068	281	2166.99	5.62%
通信设备、计算机及其他电子设备制造业	1094	99	461.84	7.13%

行业	企业单位数（个）	亏损企业（个）	工业总产值（亿元）	资产利润率
仪器仪表及文化、办公用机械制造业	807	47	292.14	6.07%
工艺品及其他制造业	1558	117	508.97	5.94%
废弃资源和废旧材料回收加工业	134	31	162.77	7.82%
电力、热力的生产和供应业	64	15	49.57	3.64%
燃气生产和供应业	16	1	20.46	9.49%
水的生产和供应业	13	5	3.33	-1.01%
总计	46706	3342	22792.11	6.07% *

注：* 表示此处为平均数，即"平均资产利润率"。

（三）浙江民间资本向产业投资的特征

1. 规模巨大，在国民经济中发挥了重要作用。

浙江民间资本是固定资产投资的主力军，为浙江省经济增长以及全国经济增长发挥了重要作用。作为一个资源和土地贫瘠而受灾又是最重的省份，在全国率先摆脱了贫困的帽子，全省没有一个贫困县，全国百强县也一直位列第一。浙江民间资本开创了民营经济的先河，民营经济发展模式也为中国经济发展模式提供了一个高效率持续发展、可与世界潮流接轨的架构。在拉动出口、增加税收，提供大量的就业机会，推动国有企业改革等方面，都可以看到民间资本的影子，都有浙江民间资本不可磨灭的功劳。

2. 民间资本投资的产业集中度高，易受冲击。

由于民间资本的投资领域受到国家政策等方面的影响，主要投资于竞争性行业，特别是制造业和房地产业，投资集中度非常高，容易受到外部经济影响的冲击。特别是当前人民币汇率升值，对具有外向型发展特征的浙江民营产业产生了很大的压力，直接导致出口下降，影响非常广泛且严重，2008年浙江共有2.2万家民营企业注销，"死亡数"为6年来最高。其次，原材料和初级产品价格剧烈波动，从2007年以来，石油、煤炭、钢铁等原材料经历了大幅涨跌，对企业正常的经营活动造成很不利的影响，给规模较小、实力相对薄弱的民营企业带来了更大的经营风险。另外，民营企业自身的老化，依旧传统的经营模式导致对外部冲击的抵抗能力严重不足，缺乏应对措施。这些都对浙江民间资本向产业投资——特别是传统产业投资产生了不利影响，需要转型升级。

3. 当前民营企业经营困难，民间投资呈现"去产业化"。

实业经营困难，特别在资本市场"赚钱效应"和"创富神话"刺激下，越来越多原先以"实业为本"的民营企业开始躁动不安，投向高利润的房地产业和投机性强的虚拟经济。众多民营企业逐步放弃了对主导产业的坚守，大量资本从实体经济中转移，一些企业甚至把制造业作为融资平台，套取资金在资本市场逐利，有关专家把民间资本的这些特点称为"漂移现象"。调查显示，大部分大型民营企业的资本配比基本实现"三三制"，即主业、房地产、金融证券投资三分天下，而且后两者投资比例越来越高。

二、浙江民间资本向产业资本转化的方向与途径

（一）农业投资

2010年，联合国粮食及农业组织（FAO）曾联合经济合作与发展组织（OECD）发表全球粮食报告，警告未来10年全球粮价将有可能上升40%，粮食安全状况令人担忧。特别是在当前全球农产品价格普涨的大环境下，农业投资成为近几年乃至未来全球资本的重点投资方向。

就中国的农产品市场来看，农产品价格整体提升也是不可避免的大趋势。以往过于严格的价格管制实际上大大挫伤了农民的积极性，只有提升农产品价格才能提升农民积极性，而商业模式的革命才是中国农业的最终出路。中国农业必须改变"靠天吃饭"的传统，传统农业要有所创新，比如与现代金融业紧密结合，利用金融杠杆，提高农业资本利用率，从而提高行业利润率水平。另一方面，城市化发展进程打破了原有的农产品供求模式。过去的农业模式基本是小农经济自给自足，农户自己种植粮食，饲养家禽。但在城市化进程中，大量农民工进城务工，开始意识到自身的劳动力价值，渐渐有了成本意识，这就为农业集约化的产生与发展提供了条件。例如，近年来伴随着规模化养殖的出现，农村居民也开始到集市甚至超市去购买鲜肉。这些都显现了农业投资的巨大商机。

表2-5　　　　　　　　浙江民间资本农业投资规模

年份	2006	2007	2008	2009	2010
民间资本的农业投资（万元）	86670	98404	113430	209491	267368
占比（%）	0.249	0.247	0.252	0.405	0.415

表2-5反映出浙江民间投资农业的资本总量不断增加，但农业投资占民间资本投资总额的比例不高。但在金融危机之后的2009年、2010年，民间资本的农业投资显著增加，农业投资占比提高到0.4%以上。

民间资本如何投资农业，主要包括以下几种途径。

1. 投资规模农业。随着农村市场经济与农业的发展，专业化的农产品生产者生产经营规模逐步扩大，生产经营活动各个环节的市场化、专业化和商品化程度越来越高，农产品生产与国内外市场的联系越来越紧密。近些年来，一批有识之士通过购买、租赁、反租倒包等模式建立起颇具规模的农业企业。

2. 投资农产品加工业。随着农产品产量的不断提高、品种的不断丰富，民间资本往往选择农产品加工业作为投资的主要模式，这也是民间资本投资农业最为传统的模式。我国在统计上与农产品加工业有关的是 12 个行业，即：食品加工业、食品制造业、饮料制造业、烟草加工业、纺织业、服装及其他纤维制品制造业、皮革毛皮羽绒及其制品业、木材加工及竹藤棕草制品业、家具制造业、造纸及纸制品业、印刷业和记录媒介的复制及橡胶制品业。民间资本在通过对农产品加工业的投入自身获得利润的同时，也解决了小农户无法进行农产品加工的问题，同时延长了种植业、养殖业的产业链，提高了农产品附加值，对农业的发展可谓功不可没。

3. 投资休闲农业。休闲农业也称观光农业、旅游农业，是以农业资源、田园景观、农业生产、农耕文化、农业设施、农业科技、农业生态、农家生活和农村风情风貌为资源条件，为城市游客提供观光、休闲、体验、教育、娱乐等多种服务的农业经营活动。从农村产业层面来看，休闲农业是农业和旅游业相结合，第一产业（农业）和第三产业（旅游及服务业）相结合的新型产业，也是具有生产、生活、生态"三生"一体多功能的现代农业。

随着人们收入水平、文化水平的不断提高，恩格尔系数的下降，观念的更新，广大民众用于休闲消费的支出逐年提高，休闲农业的发展前景可观，成为农业投资的又一主要模式。特别是近年来，国家旅游局和农业部对发展休闲农业和乡村旅游十分重视，2007 年国家旅游局确定为"乡村旅旅游年"，2008年又确定为"城乡和谐旅游年"，2009 年又提出"生态旅游年"。全国各省、市、区都积极发展观光休闲农业和民俗文化旅游，一些省、市、区还制定了观光休闲农业旅游规范标准，评选出国家级、省、市、区级休闲农业和乡村旅游示范点或示范村，有的省、市、区还制定了扶持休闲农业和发展乡村旅游的政策和措施，这些都有力地推动了全国休闲农业和乡村旅游较快发展，为民间投资休闲农业创造了条件。

（二）投资优势制造业

温州的打火机、慈溪的小家电、诸暨的袜业……一件件看似不起眼的传统小商品，在聪明勤劳的浙江人手中却"做"成了大产业。浙江制造业多以区域集群形式和民营企业的形态存在，而且大多属于传统制造业，有些行业已经获取了国内市场中的很高市场份额，同时在国际低端市场赢得了部分销售市场。但随着经济全球化的日益深入，浙江的制造业特别是浙江传统制造业的发展遇到了如产业层次低、技术创新能力弱、可持续发展能力不强等许多前所未有的问题。特别是在金融危机和企业经营风险加大的情形下，很多企业开始出现"去制造业"。其实，浙江传统制造业仍然大有可为，存在转型升级的空间。在资源环境约束和国家产业政策调控下，浙江于2003年作出了"建设先进制造业基地、走有浙江特色新型工业化道路"的重大战略决策。

但制造业升级转型，并非就是一味地"喜新厌旧"，倘若为了调整而调整，为了转变而转变，不分青红皂白就加以"腾空"的做法，并不可取。关于"加工制造业如何依托传统优势实现新的突破"，学术界已经形成了很多观点。孙杭生（2010）通过对1974—1991年日本制造业从能源、资本密集型向知识、技术密集型转化的产业转型升级的研究，认为日本制造业在政府主导下，采用了降低能耗、革新技术和加大对外投资等政策和措施，保持了制造业总量平稳增长，实现了日本"世界工厂"的持续繁荣。孙福全（2010）认为随着全球化发展，加工贸易遇到巨大挑战，亟待转型，需要树立产业价值链概念，培育产业集群，鼓励技术创新，提高产品附加值。徐竹青（2010）通过对浙江制造业升级转向的研究，提出需进一步加大支持企业创新的政策力度，鼓励企业加大科技投入，积极采用新技术、新装备，研究开发新产品，实施品牌经营战略，使浙江的高技术产业、装备制造业以及纺织、服装等传统产业的层次水平有一个实质性的提高。雅戈尔集团总裁李如成也认为：随着中国企业成熟后对产业链的整合，比如对国外品牌和渠道的收购，再加上中国的巨大市场以及自身的制造技术，那么中国企业现在的庞大生产能力，不仅不是包袱，反而是巨大的优势。

在国际产业链分工中，有一个著名的"微笑曲线"理论，一端是产品的设计、研发、专利以及品牌标准的制定；另一端是市场营销和服务。在这条微笑曲线上，两端上翘，附加值高，中间谷底则是加工制造，附加值低。而浙江大量的企业，恰恰就集中在中间这个低洼地带。因此，从"微笑曲线"中间向两端攀升，无疑是浙江加工制造业必须要走的路。这种成功的例子也有很多，宁波永发集团是国内生产保险箱的龙头企业，在经历了贴牌生产以后，转而收购国际品牌（一家法国知名保险箱品牌及其销售网络），并以此来培育自己的"永发"品牌，取得了不菲的业绩。永发的强势折服了国外同行，韩国保险箱龙头企业BUMIL公司成了永发首个贴牌生产伙伴，首批贴牌永发保险箱已销往印度。"宁波永发"走的就是一条全球价值链视角的产业升级道路。

35

依据当前浙江制造业的发展优势以及主要产业集群的特色化发展，民间资本投资的传统优势制造业涉及的主要行业及其转型路径如下：

1. 纺织化纤产业。进一步巩固和提升纺织业在全国的优势地位，重点发展化纤及化纤面料、丝绸、经编、家用和产业用纺织品等产品。瞄准国际先进水平，突破差别化纤维和印染后整理的产业技术瓶颈。

2. 品牌服装产业。进一步提升和培育现有优势品牌和企业，重点培育全国著名品牌和全国服装行业龙头企业。着力优化设计、提高品质、提升品牌，推进服装出口由加工型向品牌出口型转变，努力实现创国际知名品牌的突破，提高服装出口附加值，打造国内一流的品牌服装制造中心。

3. 精品皮革产业。继续保持产业规模全国第一的优势，重点发展高档产业用革、服装革、品牌皮鞋等产品，努力开拓皮革制品应用新领域。创新皮革生产工艺，推行清洁生产，提高皮革制品设计能力，培育一批全国皮革制品著名品牌，争创国际名牌。

4. 高档塑料制品业。进一步提升塑料薄膜、高档日用塑料制品及模具在全国的领先地位，大力发展塑料原料，拓展塑料在工程领域的应用。

5. 造纸及纸制品业。巩固和提升纸板、工业技术用纸、信息用纸及纸制品在全国的优势地位。进一步提高造纸业生产集中度，大力推行清洁生产技术，增强纸及纸制品新产品和高附加值产品开发能力。

6. 家用电器产业。进一步提升家用电器集群优势，提高技术开发能力，推进家电产品向智能化、个性化、节能环保型方向发展，努力培育著名品牌，积极引进国际著名品牌。形成国内重要的家用电器产业基地。

7. 金属加工及制品业。进一步提升五金制品、铜铝加工、钢结构件等产品在全国的领先地位。加快五金行业的技术进步，提高五金制品技术含量及产品档次；提升铜铝加工装备水平，着力发展高附加值铜铝加工产品；适应现代建筑业发展趋势，大力发展钢结构产业。

8. 精细化工及氟硅化学品产业。重点发展高档染料、涂料、新型农药、氟化工及有机硅系列产品，形成全国氟硅化学品制造中心和精细化工产业基地。

9. 食品产业。大力发展方便食品、绿色食品、新型特色食品、水产品精深加工和海洋生物食品。强化饮料业在全国的优势地位，培育农工贸一体化的食品龙头企业，推进食品企业加快质量保证体系建设，提高食品精加工程度，扩大食品出口。

（三）投资高新技术产业

高新技术产业就是那些以高新技术为基础，从事一种或多种高新技术及其产品的研究、开发、生产和技术服务的企业集合，这种产业所拥有的关键技术往往开发难度很大，但一旦开发成功，却具有高于一般的经济效益和社会效益。我国火炬计划确定的高新技术产业包括下列九个领域：电子信息产业、新材料产业、生物技术产业、新能源产业、航空航天产业、先进制造技术、核应用技术产业、海洋技术产业和环保技术产业。

广泛应用信息技术等高新技术改造提升传统产业，大力发展循环经济、绿色经济，投资建设节能减排、节水降耗、生物医药、信息网络、新能源、新材料、环境保护、资源综合利用等具有发展潜力的新兴产业。

当前，以美国为代表的很多西方发达国家都在围绕新能源、新材料、信息技术、生物技术等领域展开深刻的产业结构调整；特别是在低碳经济发展模式下，现有产业格局将发生深刻变革，与低碳经济相关的技术创新将会成为推动全球经济增长的重要动力。我国自 20 世纪 80 年代中期后，高新技术产业逐步起步，在 2000—2007 年，我国的高技术产业规模由 10034 亿元增长到 49714 亿元，增长了近 5 倍；特别在能源危机、低碳经济、环境保护的可持续发展模式下，高新技术产业未来的发展前景巨大，成为民间资本投资的重要领域。

具体的高新产业发展包括：

1. 电子信息产业。培育发展移动通信、计算机及网络、微电子、电子专用材料和新型电子元器件等具有一定优势的产品。加快与国际著名 IT 企业的战略合作，加快软件、系统芯片及产业化关键核心技术的研发，扩大生产规模，提高竞争力。

2. 新医药产业。大力发展化学原料药、现代中医药等优势产品，加快发展生物制药、天然药物和新型医疗仪器等产品。加快开发新的剂型，着力培育具有自主知识产权的产品，实施中药现代化工程，大力推进中药产业化、国际化。

3. 仪器仪表产业。重点培育发展自动化仪器仪表、电工仪器仪表、光学仪器、汽车仪器仪表等市场占有率在全国领先的优势产品。推进仪器仪表数字化、智能化，提高仪器仪表信息化水平，加大共性技术和关键技术的开发，积极采用国际标准。

（四）投资现代服务业

目前，浙江人均 GDP 已超过 6000 美元，属于中等发达国家水平，根据国际经验，在这个阶段经济可能启动新一轮快速发展。人均 GDP 突破 5000 美元这是一个经济结构后工业化的加速发展阶段，在西方发达国家人均 GDP 突破 5000 美元之时，以美国社会学家丹尼尔·贝尔 1973 年著作《后工业社会的到来——社会预测尝试》为标志，一些理论学家敏锐地感觉到，一个新的发展阶段即将来临，人类社会开始步入以信息化、知识化为主要特征的后工业社会，经济结构从以制造业为主转向以服务业为主，经济发展处于较高水平。

对此，民间资本可以着重投资商贸物流业、金融保险业、旅游业、文化产业和房地产业等浙江具有一定基础和规模的"五大"优势服务产业，加快培育信息服务业、科教服务业、中介服务业、社区服务业、公共服务业等具有发展潜力、符合发展趋势的"五大"新兴服务产业，倾力打造服务业大省。

三、浙江民间资本向产业资本转化的模式

（一）进口替代

改革开放以来，浙江实行了以"大进大出、两头在外"为特点的出口导向战略，取得了显著的成效。统计数据显示，在浙江国民经济发展总量指标中，外贸出口的增长是最快的，出口依存度逐年提高，2007年已达到51.9%，成为推动浙江经济增长的最重要因素。然而，面临国际金融危机影响持续加深、外部需求显著减少、浙江传统竞争优势逐步减弱的压力，有必要加快推进贸易发展战略转变，以此带动产业的创新与升级，促进经济发展进入新的良性循环。

就浙江而言，加快推进贸易发展战略转变，就是实现以出口导向战略为主向出口导向战略与进口替代战略并举的转化，进而使出口导向产业和进口替代产业互相补充、互相支持。所谓进口替代战略是指用本国产品来替代进口品，进而带动其他经济部门发展，促进本国工业化的战略。从理论上说，进口替代一般要经过两个阶段，替代进口消费品和替代进口资本品、中间产品（如机器设备、石油产品、钢铁产品等）。就浙江目前的经济发展水平而言，主要就是替代进口的国内短缺的、技术含量高的机电产品。

现实情况表明，进口替代的发展空间巨大。例如，德国是我国在全球第六大和在欧洲最大的贸易伙伴。从进口商品结构看，我国自德国进口的主要是技术密集型、附加值高的机械设备、汽车及其配件、电子和化工产品，其所占比重约为66%。因此，加大对科研的投入，切实提高企业自主创新能力和核心竞争力，打造自主品牌，由目前的比较利益优势转向谋求竞争优势，逐步替代其中的进口设备，其转型升级的天地是十分广阔的。

据报载，乐清的嘉恒医疗科技有限公司开发生产的磁共振，已开始在市场上销售，每台400多万元，比进口产品便宜一半，进口替代效应明显，市场前景看好。这将可以替代GE、西门子、飞利浦等大公司的同类产品。"嘉恒医

疗"走的就是一条进口替代的道路，并以此实现了产业的转型升级。

（二）产业链整合

从全球价值链看，存在着四种不同层次的产业升级：（1）工艺（流程）升级，指生产体系的重组或新技术的采用。（2）产品升级，指产品档次的提高，不断推出新品种和新款式（如电视机向着"超大、超薄、超轻、高清晰度"方向发展）。（3）功能升级，即从生产环节向设计和营销等利润丰厚的环节跃迁；而功能升级的路径，一般理解为由委托加工的"贴牌生产"（OEM）到自主设计加工（ODM）再到自主品牌生产（OBM）的转变。（4）价值链升级，即从一条价值链跨越到另一条获利能力更高的价值链（如从生产电视机显像管转向生产计算机监视器）。

基于全球价值链视角的产业升级，就是遵循工艺升级→产品升级→功能升级→价值链升级的路径，实现由"价值链低端"向"价值链高端"的攀升。在这里，产业升级直接表现为企业在一个全球价值链中顺着价值阶梯逐步提升的过程。其中，每一种层次的升级，都会促进企业竞争力和盈利的提高。如之前提到的宁波永发集团的例子就是企业产业升级的成功案例。

（三）股权投资、风险投资

在实业难做、不赚钱的情况下，民间资本借鉴风险投资基金（VC）和私募股权基金（PE）的股权投资模式，通过设立具有自主投资性的、专业的投资基金（公司），以商业化的方式面向高科技企业进行股权投资，寻找了一条民间资本的新出路，打通了民间资本对接产业资本的通道。

据了解，国内第一家温州资本的创投企业首华创投由温商林阿信于2006年3月注册成立。在当时的温州市场，首华创投尚找不到抱团合作的资金，便将公司注册地选在上海。从2007年开始，受全国各地成立创业投资基金热潮的影响，温州资金开始更多地关注创投行业。2007年6月1日，温州乐清佑利控股集团董事长胡旭苍发起成立了温州东海创业投资有限合伙公司，这是长三角地区出现的首家人民币私募股权投资机构。此后，温州的民间资金源源不断地进入创投行业。据了解，神力集团、正泰集团、佑利集团、环宇集团等温州传统型企业，都以合伙或股份制公司的形式成立了创业投资公司。目前在温州本土从事 PE 的企业大概有七八家，包括环亚、通泰、恒生资产、首华创投、温商创投、国瑞创投等；温州以外地区，温州人创办的 PE 也有十余家，如正泰在上海创立的云杉等。对于温州民资参与创投的热情，浙江大学经济学院教授张旭昆给予了肯定："从投资实业到投资资本市场，这是温州人投资模式的一次跨越和升级。"

2008 年 11 月 6 日，2008 年中国本土创投暨私募股权投资论坛在温州隆重召开。此次会议是上海首华创业投资有限公司联合上海创业投资行业协会、温州中小企业发展促进会主办。2009 年，浙江省人民政府办公厅出台了《关于促进股权投资基金发展的若干意见》，提出股权投资基金作为直接融资的重要途径之一，能将分散的可投资资金有效转化成符合经济社会发展需要的资本金，是拓宽融资渠道，规范民间资金的重要工具；发展股权投资基金，有利于提高社会资本配置效率，优化企业股权结构，提升经营管理水平，促进企业自主创新及高新技术成果转化应用，对于我省构建结构合理、功能完善、富于弹性的地方金融体系，促进全省经济社会又好又快发展具有重要意义。2010 年 4 月，浙江省工商局出台股权投资企业、股权投资管理企业登记办法，为股权投资企业的设立、股权投资的规范又前进了一步。

（四）政府引导，民间资本跟进

2008 年国家发展改革委、财政部和商务部正式提出政府创业投资引导基金，宗旨是发挥财政资金的杠杆放大效应，增加创业投资资本的供给，克服单纯通过市场配置创业投资资本引发的市场失灵问题。引导基金主要运作方式是政府财政拿出少量资金，引导社会各种资金共同组建创业投资基金，在运营过程中，引导基金本身不直接从事创业投资业务，由专业的管理团队管理。

通过设立创业投资引导基金，引导以民间资本为主的创业风险投资机构，投资符合产业导向且正处于初创期、种子期的企业，用财政"四两拨千斤"的办法，同时解决了"中小企业创业资金从哪里来"和"民间资本到哪里去"两大问题。

2008 年 4 月，杭州市出台创业投资引导基金管理办法，计划每年投入 2 亿元，按照"政府引导、市场运作"及项目选择市场化、资金使用公共化、提供服务专业化的原则，投资于杭州市域内的电子信息、生物医药、新能源、新材料、环保、知识型服务业、高效农业等符合杭州市高技术产业发展规划的初创企业。为促进科技研发、成果转化和产业化，以政府资金撬动民间资本，让"轻资产"科技型中小企业享受"特殊政策"。

引导基金将针对创业投资企业、创投管理企业、具有投资功能的中小企业服务机构、初创期科技型中小企业四类支持对象，采取阶段参股、跟进投资、风险补助和投资保障四大引导方式。阶段参股是引导基金向创业投资企业进行股权投资并在约定期限内退出，参股期限一般不超过 5 年，并且不参与日常经营和管理。跟进投资是指对创业投资机构选定投资的初创期科技型中小企业，引导基金与创业投资机构共同投资，5 年内退出，投资收益的 50% 向创业投机构支付管理费和效益奖励。风险补助主要用于弥补创业投资损失，补助资金不超过实际投资额的 5%。投资保障是指对创业投资机构确定的"辅导企业"予以投资前或投资后的资助。各地引导基金在运作中还引入担保机构，取得较好的效果。

（五）跨区投资和对外直接投资

1. 跨区投资。

炒房团、炒煤团、炒棉团、炒国企团……诸如此类的商业符号已经成了浙江商人的代名词，有舆论认为这些符号反映了浙江民间资本对全国资源的掠夺和剥削，是对社会主义市场经济秩序的破坏和扰乱。但另一方面，这也正反映了浙江民间资本的大规模出省投资，已变成了其他地区经济发展的助推器，成为拉动全国经济成长中的一股重要力量。对于浙江民间资本的跨区流动，一些相关省份都公开表示了欢迎。

浙江民间资本的跨区投资实现的是一种双赢的举动，在"跳出浙江、发展浙江"中，不仅为国家统筹区域发展以及所在地经济作出了贡献，而且延伸了浙江的产业链，推动了浙江产业的梯度转移，促进了资源要素的合理流动和优化配置。

这样的例子不胜枚举，浙江民间资本在充分利用其他区域优势条件的基础上，充分实现了自身的发展壮大。在云南昆明，有一个市场叫螺蛳湾，一直以来都是当地规模最大的综合性市场。2009 年底，老市场完成整体搬迁，新螺蛳湾市场的称呼也由此产生。新螺蛳湾市场投资人刘卫高是义乌人。新螺蛳湾市场计划总投资 350 亿元，分三期建设，建成后建筑总面积 580 万平方米，可供 10 万商户进驻，这一规模甚至超过义乌小商品市场。如果顾客在每个摊位前停留 1 分钟的话，逛完整个市场需要耗时 69 天。当然新螺蛳湾市场的辐射范围远超出了云南，巨大的东盟市场自然也会成为其"势力范围"。

2. 对外直接投资。

浙江企业家或许是中国最早"走出去"的群体之一。如今，150 多万浙江人在海外经商，浙江企业境外投资的境内主体数和境外企业数已连续多年居全国第一。截至 2010 年 4 月，经核准的境外企业和机构共计 4075 家，累计中方投资额达到 42 亿美元，完成对外承包工程营业额 170 亿美元，投资的工程和项目遍布 130 多个国家和地区。据统计，2010 年 1—6 月，浙江省新批和核准的境外企业和机构共计 244 家；投资总额为 9.79 亿美元，中方投资额 6.43 亿美元，同比分别增长 206.99% 和 112.35%。浙江省发展改革委外资处 8 月份表示，从境内主体分布来看，宁波、杭州、绍兴在投资规模上依然处于领先地位，丽水增速较快；从境外投资国别地区来看，中国香港、美国、越南居该省境外投资前三位，亚洲依然是重点。

从 2002 年开始，中央加大对"走出去"的扶持，鼓励有条件的企业开展境外投资。从 2003 年开始，国家外汇管理局进一步简化手续，放宽限制，推进贸易和投资便利化，并先后出台了一系列相关的扶持措施，取消境外投资汇回利润保证金制度，下放境外投资项目外汇资金来源审查权限，允许境内居民个人将境内资产、股权注入境外企业并直接或间接持有境外企业股份、股票等。

2009 年 3 月，商务部发布《境外投资管理办法》，明确规定商务部仅保留对少数重大、敏感的境外投资的核准权限，大部分境外投资核准事项今后将交由省级人民政府主管部门负责；同时对外投资的核准程序也大大简化，推动了我国企业的海外投资事业。

2011 年 1 月 7 日，温州市对外经济贸易局在官方网站公布了《温州市个人境外直接投资试点方案》，这标志着温州成为中国内地第一个允许个人境外直接投资的城市。试点期间，投资者单项境外投资额不超过等值 300 万美元；多个投资者共同实施一项境外直接投资的，投资总额不超过等值 1000 万美元；个人境外直接投资年度总额不超过 2 亿美元。试点期间，采取投资核准登记管理方式。投资资金来源限定在投资者可使用自有外汇资金、人民币购汇以及经市外汇局核准的其他外汇资产来源等进行境外直接投资，也可将境外直接投资所得的利润留存境外用于其境外再投资。投资方式限定为通过新设、并购、参股等方式，在境外设立非金融企业，或取得既有非金融企业的所有权、控制权、经营管理权等权益的行为，但不允许涉及能源、矿产类等。虽然在此后被叫停，这也反映了民间资本投资海外的热情，相信以后在这方面会有突破。

在"五湖四海看浙江"的系列报道中，无数浙江商人在海外实现了成功的人生。浙商勇闯伊拉克，澳大利亚淘矿，做迪拜商城之王，淘金南非，掀海外收购潮……浙江吉利集团成功收购沃尔沃，成就了中国汽车业最大的一笔海外并购，引起了海内外的高度关注。

四、浙江民间资本向产业资本转化的政策思考

（一）制度保障

政府部门与民间资本投资企业均是构成社会网络的有机个体，它们之间应是相互服务、互为支撑的协作关系，即资本通过生产过程创造出价值与使用价

值，并最终实现社会财富的增值，企业通过上缴税金增加国家财政收入，国家通过对国民收入进行再分配，为政府机关、事业单位等社会公共服务部门提供经费支出及工作人员工资，各部门工作人员按社会分工要求为企业经营者创造公正、公平的经营环境，提供及时、便捷的服务，使投资者减少交易成本，从而实现社会财富的快速增长，以达到帕累托最优状态。而在所有的公共服务中，良好的法律环境、较高的地区经济管理水平对投资经营的顺利进行，进而对社会财富的快速积累尤为重要。

民间资本投资者作为市场独立的投资主体，应当享有各项权益，遵循"谁投资、谁经营、谁占有、谁支配、谁收益"的投资原则（刘荣添，2003）。政府部门对待民间资本投资经营的政策应该保持稳定性和延续性，不能说变就变；政府部门在必要时宣布关停小企业、收回土地使用权、废除租赁承包合同等，一定要为投资经营损失予以补偿，使得民间资本投资的正当经营权益得到法律保护。同时，为民间资本投资主体提供优良的社会治安、司法制度、行政效率等外部环境保障，杜绝或减少政府行政干预、执法不公、优惠政策不予落实、合法权益受到侵害、社会治安环境较差、人身和财产安全没有保障等种种现象。

另一方面，作为政府部门，在市场经济条件下，应充分利用市场经济手段以及在宏观管理中的特殊地位，向民间投资者提供权威、准确、可行的产业政策、信贷政策、技术来源与转让等信息，引导资本合理流向，增加投资者对投资项目的可操作性，减少投资的盲目性，以降低民间资本投资风险，并有效避免西部地区低水平重复建设、促进有限资源合理利用。其次，政府应当在加强为中小企业提供信息、技术、资金、政策等服务外，还应鼓励发展以服务中小企业为宗旨的民间资本投资咨询机构、组织中介机构等社会化服务体系，为民间资本投资者的投资决策、技术开发、人员培训、企业诊断和经营提供指导。同时指导、协助投资者发展行业商会和中介组织，强化民间资本投资者自我服务意识、行业自律行为，以避免投资过程中的不正当竞争，维护有序、和谐的经营环境。最后，通过多种形式、多种渠道，包括政府组织以及社会力量，加强对民间资本投资主体的培训，提高投资者整体素质，积极引导民间资本投资者在经营体制、经营理念上不断创新。

（二）政策引导

政府部门应通过立法对民间资本提供广阔的发展空间，给予民间资本投资主体国民待遇政策，降低行业准入门槛，鼓励民间资本扩大投资领域，使民间资本在国有资本难以发挥作用而国民经济又急需发展的领域，充分发挥其优势特点。实际上，随着经济体制改革的不断深入，除关系到国民经济命脉和国家安全的重要行业和关键领域外，其他行业和领域都应放开，让民间资本参与投资或控股经营，如农业、水利、交通、能源、教育、卫生、体育、文化、旅游、中介、市政环保、农业基础设施、农村信息网络、农村金融信贷等众多受到限制的领域。对于投资起始规模巨大的资本密集型行业，如公路、电信、城市基础设施、电力、家用电器等应放宽民间资本投资企业注册资本限制条件，可采取允许新成立的民营有限责任公司注册资本分步到位、限期补足，降低注册资本最低限额等措施；对技术、人才、管理等门槛很高的技术密集型行业，如各类高新科技产业可试行主体资格与经营资格分离的登记管理制度。针对一些国家已经放开、国有企业仍然把持、民间资本难以进入的领域，可通过改制使该领域经营的国有企业身份民营化，使其远离国家政策的庇荫，与其他民间资本投资企业处于同一起跑线上。也可以允许民间资本投资企业以入股形式参与国有企业的投资，以改善投资结构、提高资本投资效率。

在融资和资本运作方面，为民间资本提供便利和广阔的思路，创造支持民间资本形成和进入产业领域的金融环境。加大对主要商业银行中小企业信贷部门的支持力度，同时转变观念，放宽对中小企业融资的要求和标准；借鉴外国的一些做法，成立中小企业银行，专门为中小企业提供贷款；完善法律，进一步鼓励民营股份制银行的发展，增加民间投资企业融资的选择。放宽民间投资企业上市融资和债券融资的标准，充分利用创业板和海外上市，充分利用中小企业集合债券集合票据和短期融资券。另外，大量设立创业投资公司，这些公司资本金首先靠政府投资，在公司成立之后广泛吸引民间个人资金介入，将民间资金转化为经营资本，投资公司在资金运用上应严格限制于为民间创业或中小企业的扩展上，禁止将资金流入股市。

同时，还要为民间资本提供税收、财政政策支持。对于国家鼓励的、具有良好社会效应的民间投资，给予税收减免、延期纳税等措施，同时采取投资补贴，对符合国家产业政策的技术改造项目和技术创新项目，提供财政贴息、财政资助和低息贷款等。建立服务中小企业的政府研究开发体系，在以中小企业为主的民营企业无力投入科研开发的情况下，需要政府的支持和引导，政府研究机构不仅要进行产品创新的研究，还要对企业自身的组织再造进行研究。

（三）扶持中小企业发展

由于民间资本的分散性，绝大部分都是以中小企业、个体经营户的形式存在的，因此引导民间资本向产业资本转化，需要正确扶持中小企业的发展。积极落实《国务院关于进一步促进中小企业发展的若干意见》，从政策角度，拓宽中小企业投资和发展领域，引导中小企业跟进，进入实体经济。如清理不利于中小企业发展的法律法规和规章制度。扩大市场准入范围，降低准入门槛，进一步营造公开、公平的市场环境。完善政府采购支持中小企业的有关制度。制定政府采购扶持中小企业发展的具体办法，提高采购中小企业货物、工程和服务的比例。

支持中小企业加大研发投入，开发先进适用的技术、工艺和设备，研制适销对路的新产品，提高产品质量。加强产学研联合和资源整合，加强知识产权保护，重点在轻工、纺织、电子等行业推进品牌建设，引导和支持中小企业创建自主品牌。支持中华老字号等传统优势中小企业申请商标注册，保护商标专用权，鼓励挖掘、保护、改造民间特色传统工艺，提升特色产业。鼓励支持中小企业在科技研发、工业设计、技术咨询、信息服务、现代物流等生产性服务业领域发展。积极促进中小企业在软件开发、服务外包、网络动漫、广告创意、电子商务等新兴领域拓展，扩大就业渠道，培育新的经济增长点。支持符合条件的中小企业参与家电、农机、汽车摩托车下乡和家电、汽车"以旧换新"等业务。中小企业专项资金、技术改造资金等要重点支持销售渠道稳定、市场占有率高的中小企业。采取财政补助、降低展费标准等方式，支持中小企业参加各类展览展销活动。支持建立各类中小企业产品技术展示中心，办好中国国际中小企业博览会等展览展销活动。鼓励电信、网络运营企业以及新闻媒体积极发布市场信息，帮助中小企业宣传产品，开拓市场。

加大财政资金支持力度。逐步扩大财政预算扶持中小企业发展的专项资金规模，重点支持中小企业技术创新、结构调整、节能减排、开拓市场、扩大就业，以及改善对中小企业的公共服务。加快设立国家中小企业发展基金，发挥财政资金的引导作用，带动社会资金支持中小企业发展。地方财政也要加大对中小企业的支持力度。

同时，落实和完善税收优惠政策。如中小企业投资国家鼓励类项目，除《国内投资项目不予免税的进口商品目录》所列商品外，所需的进口自用设备以及按照合同随设备进口的技术及配套件、备件，免征进口关税。中小企业缴纳城镇土地使用税确有困难的，可按有关规定向省级财税部门或省级人民政府提出减免税申请。中小企业因有特殊困难不能按期纳税的，可依法申请在三个月内延期缴纳。

（四）民间资本的社会监督和自我规范

民间资本的逐利性导致其唯利是图，追求短期效应、一夜暴富，并且可以自由流动经常导致"炒"的投资路线图，这需要民间资本的社会监督和自我约束规范。

逐利是民间资本的自然属性，民间资本必须承担相应的社会功能是其社会属性，当民间资本的逐利性与其社会功能不能和谐共存时，这就涉及政府责任。浙江民间资本可以尽情地寻找和发挥资本的增值渠道，但面临公共利益——如产业结构调整、环境保护、收入分配均等化时，就一定要承担其应有的责任。这就需要政府作为公共利益的代表者，以及资本的社会属性执行者和监管者，把精力放在游戏规则的规划和制定上，遏制资本逐利的魔鬼面，阻止或最大程度减小资本逐利性对公共利益的损害与冲突，引导民间资本的合理流动和发展。

另一方面，民间资本自身也要增加理性，不要哪里热就跑到哪里，只一味追求短期利益，这种投机其实只能带来少数人的暴富，对其长期稳定发展是不利的。看看世上的很多家族，有哪一个是"东一锄头，西一棒子"。因此，民间资本自身应该转变思路，要有长远眼光，不是不赞同资本运作、投资虚拟经济，而是应该把实业做大做强作为第一要务。

第三章 浙江民间资本
向金融产业转化研究

一、浙江民间资本向金融产业转化的现状与障碍

（一）浙江民间资本向金融产业转化的主要形式

1. 地下钱庄。地下钱庄是有着类似于商业银行的非法金融组织，单个钱庄的借贷规模少则几百万元，多则上亿元。在温岭、义乌、永康等地，每年因向钱庄借钱而发生矛盾纠纷的民事诉讼就有十几起之多。近年来，各地出现了专门从事票据贴现的地下钱庄，其业务范围也在不断扩大，业务不断创新，已涉足银行的一些中间业务。

2. 非法集资。2007 年，"东阳富姐"吴英非法集资诈骗，涉案金额高达10 亿多元。2006 年，丽水的杜益敏案，金额也高达 2 亿元。而这些还只是非法集资的一部分，在民间资本非常活跃的温州、台州、义乌等地，还或多或少地存在一些游走于非法集资的案子。这些涉及非法集资的诈骗案，大多许以高额的投资回报率，引诱投资者纷纷慷慨解囊，陷入集资者的圈套。而一旦发生资金链断裂，集资者或卷款潜逃，或锒铛入狱，给投资者造成难以弥补的损失，影响极其恶劣。

3. 私募基金。私募基金指的是以非公开的形式向机构和个人募集资金而设立的基金。私募基金的销售和赎回是私下里，基金管理人和投资者协商进行交易的。目前投资对象主要为资本市场和房地产市场。在浙江目前的民间资本结构中，私募基金的比重占了主要部分。

4. 个人借贷。个人借贷往往是以"欠条"方式出现的，是个人之间最常见的一种短期融资方式。其金额一般较少，利率往往在借贷关系发生时就商定，主要用于化解临时性资金需求。浙江许多刚成立的中小企业和个体工商户，由于难以从银行贷款，往往采取个人借贷的方式来扩大发展。

根据民间资金向金融产业转化的现状来看，从低级向高级演进的路线主要

如图 3-1 所示。

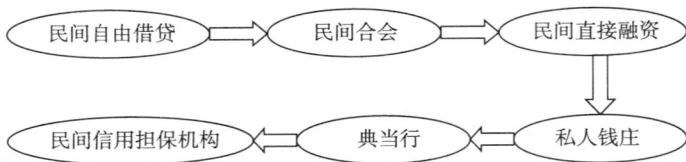

图 3-1　民间资金向金融产业转化路径

（二）民间资金向金融产业转化的路径演化

浙江自古民间资金就比较充裕，向金融产业转化也比较发达，有民间借贷、台会、私人钱庄、典当等民间金融方式，现举钱庄为例来说明民间资金向金融产业的演化发展。

1. 钱庄的演化。

钱庄，又称钱店、钱铺。钱庄是从贩卖钱钞的钱铺发展起来的，明朝中叶出现了买卖铜钱和钞贯的铺户。据统计，自乾隆五十一年（1786 年）至嘉庆二年（1797 年），上海有 124 家钱庄。在康熙到道光（1830 年）开设的钱庄就不胜其数，仅北京就达 389 家。鸦片战争后，上海、宁波开埠，对外贸易激增，杭州丝、茶业发展较快，汇兑业务增多，钱业成为对外贸易的重要环节，加之外国银元流入内地，货币兑换业务增加，钱庄业务获得了较大发展。

早期的钱庄主要是从事制钱和银两的兑换，仅仅是货币经营业的初始形态。乾隆后期，钱庄渐渐从钱银兑换业中走出来，转而以信贷活动作为其发展的主要业务。

清末，现代化银行业开始在杭州兴起。公库款改由银行代理，影响钱庄业务；上海发生的金融风潮波及杭州，杭州大同行钱庄大批倒闭，剩下仅及半数。民国初，钱庄又恢复发展，杭州的晋泰、泰生、开泰、同和等 10 家大同行钱庄曾同浙江兴业银行、浙江银行一起代理运库。1914 年，第一次世界大战爆发，中国的现代工业和商业都有所发展，杭州钱庄与新兴的银行同时得到发展良机，但同业增多，竞争愈益激烈。1915 年，经同业公议制定《营业规则》，进行自我整顿后，业务增长很快，钱庄继续增多。至 1931 年，杭州市区有大同行钱庄 23 家，小同行钱庄 26 家，未入会的现兑庄 25 家。1931 年后，受世界经济危机和"九·一八"、"一二·八"等事变影响，钱庄放款呆账增多，又因金融同业竞争愈趋激烈，钱庄资金纷纷流向银行，周转日益困难，资力单薄的钱庄陆续倒闭。到 1936 年春，杭州钱庄继续开业的只有大同行 12 家，小同行 17 家；现兑庄、兑换店因法币政策实行后，现兑业务已无必要，全部停歇或转业。

抗日战争胜利后，国民政府财政部规定，凡非战前的行庄，在日伪注册设立的，一概勒令停业。战前停业的钱庄，可以申请复业。可当时，通货膨胀愈演愈烈，钱庄正常业务已无法开展，无不设置暗账，把资金转向黄金、物资囤积的投机活动，或以暗息拆放，攫取高利。新中国成立后，随着社会主义改造的不断推进，钱庄于 20 世纪 50 年代中期全部消失。

改革开放后，在中国市场经济较为发达的浙江、福建等地，又相继出现了昔日的钱庄身影。在浙江温州地区还曾出现四家公开挂牌的经过当地工商部门批准登记的私人钱庄。这四家钱庄分别是苍南县的"肥醋信用钱庄"，乐清县乐成镇的"乐成钱庄"，苍南金乡镇的"金乡钱庄"，苍南前库镇的"前库钱庄"。

2. 现代民间资金向金融产业的演化。

在现代金融业日渐发达的今天，尽管民间金融业在某些区域、某些层次还将长期存在，但随着时间的推移，将不断改变存在方式，并逐渐与主体金融相融合。大致说来，现代民间金融的发展有四个阶段：

第一阶段是起步时期。1979—1982 年，农村家庭工业起步，生产设备简陋，固定资产少，借到少量资金就购置生产设备和原材料，家庭工业资金周转极快。当时人们收入、农业积累水平很低，银行和信用社也不向个人提供贷款，因此，依靠农业积累和贷款来实现家庭农业向家庭工业商业扩张的可能性很小。在此背景下，生产经营性民间借贷应运而生。这一阶段的民间金融是以各种形式的会和资金供求者的直接借贷为主要形式。资金借贷是分散的、零星的。

第二阶段是生长时期。1983—1986 年，工商业经过几年的经营，在民间积累了巨额资金，其中除作为自有资金在生产和流通过程中运转外，还有大量的暂时闲置资金。另一方面，家庭工业的迅速扩展，专业市场的不断出现，资金需求急剧增加。到 1986 年底，温州市个体工商户已达 13.84 万户，从业人员约 35 万人；农村贸易市场近 400 个，其中专业市场就有 130 多个，规模最大的 10 个专业市场，年成交额达 10 亿多元，以一年周转 4 次计算，周转金就达 2.5 亿元以上。民间货币积累为民间金融提供了越来越多的资金供给，家庭工商业的发展和专业市场的扩大又产生了大量的资金需求，从而推动了民间金融的进一步发展。这一时期民间金融规模扩大，陆续出现间接融资的信用形式。

第三阶段是发展时期。1987—1995 年，一些具有一定经营水平和管理能力的家庭工商业大量地组建了股份合作企业,实行规模经营,加强市场竞争能力。据统计,温州市 1995 年股份合作企业有 5 万~6 万家,年产值达 362 亿元。这一阶段民间金融向多层次、多形式发展。

第四阶段是衰退时期。1995 年之后,随着股份制企业的发展,开始出现集团公司,一些股份制企业在竞争中兼并、融合,生产规模急剧扩大,技术改造、固定资产投资、厂房改建等急需大批量资金。一个企业需要的资金数量一般都在几百万元以上,民间金融从融资规模、融资速度、融资能力等方面开始显现一定的局限。而此时随着《商业银行法》的颁布,国有银行的服务方式、手段都有所改善,新的银行机构与融资方式不断增加,与主体金融相比,民间金融在大部分企业融资中的相对占比有所下降,地位也有所下降。

（三）浙江民间资本向金融产业转化的障碍

1. 产权制度的约束加大了民间资本向金融产业转化的风险。

目前,我国还未对个人财产作出明确的法律条文保障,"私有财产神圣不可侵犯"还没有写入宪法。现有的这种产权制度安排就会对民间资本向金融产业转化带来一定的风险和约束。这种风险表现在:一是民间资本入股现有金融机构,并没有真正成为实质意义上的股东,很难真正行使控制权、所有权和监督权。二是民间资金向金融产业转化往往受到地方政府的行政干预或强制利用,因各地政策和导向不一,往往使民间资金对向金融产业转化既爱又怕。三是我国的金融体系还处于垄断状态,民间资金很难进入金融产业,存在很多的软约束。没有稳定的产权,没有良好的政策稳定预期,民间资金拥有者很容易产生逆选择和道德风险。而且没有国家的法律保护,也必然造成产权界定的交易费用巨大,机会主义盛行,从而严重扰乱金融秩序。

2. 融资制度的约束制约了民间金融规模壮大。

缺少健全的市场和法律等普通融资制度,没有广泛的市场准入制度,使得民间信用无法连成一个大的信用系统,民间资金在金融领域只能局限于血缘和地缘的狭小圈子里,因此,单个信用系统里的资金融通量对整个民间部门来说显得微不足道。民间资金向金融产业转化的可能性很小。如果不改变现有制度设计,融资制度成本会因为信用系统间的协调困难过高,靠民间资金自发走出这一状态也会因为制度供给实验成本过高而难以实施,从而导致民间资金向金融产业转化受阻。

3. 信用安排制度的约束降低了民间金融的抗风险能力。

民间资金向金融产业转化,缺乏存款保险上的支持。民间资金向金融产业转化往往依靠自身信用。一旦发生风险,民间资金组建的金融机构倒闭,受损失的是存款人。这种信用制度的缺陷使得民间金融跨地区跨行业的难度加大，也加大了自身经营风险，发展成规模金融机构的时间较长。同时，民间金融机构可能同正规金融部门争夺金融资源，对于正规金融有一定的"挤出效应"，容易产生利益冲突。同时民间金融大多缺乏良好的运作机制、正规的组织形式、有效的风险控制机制和约束机制，具有非正式、高风险等特征，很难承担大规模集聚资本的功能。随着民间资金进入规模的不断扩大，参与人数的增加，民间金融组织的血缘、地缘关系不断被突破，风险不断累积，也会大大降低了民间资金组建的金融机构效率。并且，金融风险具有强烈的传染性，往往会波及一些其他金融机构。

二、浙江民间资本向金融产业转化的模式与路径

（一）民间资本向金融产业转化的理论分析

1. "信用交易"的特性。

地下钱庄和作为"正规军"的合法金融机构在经营的本质上也并没有什么不同。经营货币是金融业的表象，而这表象后面隐藏的是"信用"，信用交易才是金融业的经营本质。民间资金向金融产业转化与我们正规金融机构很大的差别就在于其信用交易的特点更明显。试想存入民间金融机构的资金除了因为高利息的诱惑外，资金的安全才是存入者最优先的考虑，在明知是民间金融机构的情况下依然存入资金，那就是通过民间信用的方式形成的信任关系，而民间金融机构的经营者也是在种种民间信用关系的制约下贷出款项，甚至根本不需要像正规机构那样复杂的抵押、质押手续，更多的是保证方式。理由很简单，民间金融机构的求贷者们如果真有东西质押或者抵押，一般情况下也不会向民间金融机构寻求资金。当然，民间金融机构的手续简单、审批迅速快捷也是构成许多人选用民间金融机构的理由之一。正是这种民间的信用交易将民间金融机构的效用发挥到最大程度，从这个角度来说，这些民间金融机构才是真正意义上的商业银行，它们才是真正将信用作为生存之本的金融参与者。

以经济理性主义的观点分析，自主的理性行动者会选取交易成本较低的方式从事金融交易。乡土社会关系网络人际互动所产生的信任，可以转化成为金融借贷上的信用，这种无形资产充当了类似银行借贷抵押物的作用，在有形支出方面的交易成本显然低于现代银行。在比较不同借贷方式的交易成本之后，农民宁愿透过这个"传统"的人际关系借钱，也不愿和"现代"银行体系打交道。"把人际关系的信任转化成借贷关系的信用，是中国社会的一项特质。"因为这项特质，使得关系金融成为浙江农村经济发展中的一股重要力量。

2. 供给与需求的不对称。

现代金融机构的匮乏，无法满足乡村社会的金融需求，也造成民间金融的繁荣。一方面，我国金融业特别是地方金融业存在一定的金融压制现象，利率市场化程度不高，信贷配给问题较为严重，使得很大一部分社会群体无法从正规金融机构手中融入充足的资金；另一方面，普通信贷通过财务数据来评价客户的信用等级，要求客户有良好的财务记录，有充足的资产担保。而对于以民营经济、中小企业、个体经济为主体的浙江而言，大量的中小经济主体无法提供良好的财务数据和资产担保，从而增加了企业获得银行信贷的难度。朱喜（2006）的调查表明，江南地区农民通过银行及其附属机构所得到的贷款仅占全部贷款的10%左右。而农民通过传统金融手段获取金融支持占90%以上。其中，37.7%的借款当以合会为主。同时，农民的金融消费习惯更倾向于传统的方式，而对现代金融流程和行为比较陌生，这也强化了民间金融在农村中的经济影响力。

3. 交易成本的考虑。

从交易成本的角度考虑，由于大银行无论贷款金额大小，一笔交易的信息费用和其他成本相差不大，大企业贷款量大，银行所花费的每单位贷款成本比较低，而中小企业贷款额比较小，平均到每单位贷款上的成本就会高很多，利率低了无法贷款，高了中小企业又无法接受，因此国有大银行的服务对象只能是以国有企业和大型私营企业为主。而民间金融则不同，由于民间借贷双方通常是亲戚朋友、街坊邻居，他们彼此熟悉，相互信任，不需要为借贷而特别去收集了解信息，因此交易成本很低，几乎为零。所以民间利率虽高于银行贷款利率，中小企业向民间融资的成本却可能低于向银行融资的成本。地方上的信用社也因其是土生土长的金融机构，能较充分地利用地方上（以至社区内）的信息存量，较容易（成本低）了解到当地中小企业的经营状况、项目前景和信用水平，因而它们向中小企业融资的交易费用也大大低于大银行，它们有可能为一部分中小企业服务。

从交易时间上来看，中小企业融资频率高，时间要求紧，需要简单快捷的服务，而大银行获得中小企业信息的速度较慢，审批程序较长，贷款手续较繁杂，无法满足中小企业对短期流动资金的信贷需求。民间借贷因双方彼此信任，往往只需一个电话，对方就会同意借钱，一两天内就能拿到钱，能及时满足资金需求，不会贻误商机。

4. "金融抑制和金融深化"理论。

麦金农针对发展中国家提出的金融抑制理论，指的是由于政府部门对金融体系的过多干预，使得金融体系发展受到抑制，而金融体系发展的抑制反过来又影响了经济体系的发展，从而导致经济落后与金融抑制的恶性循环。他还指出，发展中国家的经济之所以欠发达，主要是由于金融抑制的原因，即可能是利率被人为地压低，或过高的通货膨胀，或二者兼而有之。由此，麦金农认为，在发展中国家，经济存在严重的"分割性"，经济分割使大量的经济单位互相隔绝，所面临的生产要素与产品的价格不一，所得的资产报酬率不等，出现市场不完全。而这种"分割性"又决定了金融体制的脆弱。脆弱的金融体制使得金融体系不能充分发挥出应有的作用，经济发展受制，而这种情况又促使政府部门加大了对金融市场的干预程度。在发展中国家，有着传统的金融与现代化的银行业"二元"并存的状态。政府为了防控通货膨胀，打击高利贷，加大了金融领域的干预，将其作为国家的命脉所在，最终的结果往往是金融体系发展受到严重抑制。而这种抑制的金融体系就为民间金融的发展提供了一个空间。

如何解决"金融抑制"问题，在现阶段，只能采取金融深化的手段，即政府逐步放开对金融领域的过多干预，允许非国有化、非银行的金融机构进入，从而培育一个充满竞争的金融市场，让市场在金融运作中发挥着主导性的作用。一国的经济发展与其金融体系的完善息息相关，在经济发展的起步阶段，往往由于政府部门的强力干预，金融发展处于抑制状态，国家把控着金融的方方面面，导致金融市场发展缓慢，企业只能进行内源融资，而较少有外源性的融资。当前，我国经济发展处于转型升级的关键时期，政府仍是推动市场化进程的主要动力，正规的金融机构更侧重于控制和集聚金融资源，而节约交易费用、提升金融交易效率等方面则相对较为滞后。金融抑制降低了金融机构的运行效率，并产生对中小企业、农村地区的金融供给不足。正是正规金融机构的功能缺位为民间金融发展提供了广阔的空间。

（二）一些国家和地区民间资本向金融产业转化的案例分析

1. 美国民间资本向金融产业转化分析。

美国的创业投资和创新支持金融体系由正规金融机构和民间金融组织构成，是促进美国经济增长的引擎，对扶持高新产业企业、中小企业发展和科技创新体系建立具有至关重要的作用。其中民间金融组织主要由大量的风险投资公司、非吸收存款放贷人和私募股权投资基金组成。许多著名的高新科技企业如微软、雅虎、英特尔等都是由私募股权基金和风险资本扶持壮大起来的。民间金融组织中还有很多的社区银行，主要特征是：资产在 10 亿美元以下，存款大多来自于其设在单个县内的分支机构，而且资产质量较高。

2. 英国民间资本向金融产业转化分析。

作为现代合作金融制度的发源地，英国早在1872年就批准英国合作批发协会成立贷款和储蓄部，进入金融领域。后来贷款和储蓄部发展成为专业的合作银行，合作银行突出为中小企业、低收入群体服务的特色，通过在中小城镇开办营业分支机构，侧重对中小企业的贷款，延长银行的营业时间，为低收入群体提供个性化服务等举措，保持着普通银行的差异特色。

英国还有一种民间金融组织形式就是合作性质的房屋贷款协会。它主要以合作的形式从事个人集资购房的贷款。首先，存款者或入股者为房屋贷款协会的会员，其主要目的是为了从房屋贷款协会取得购买房屋的贷款，并承诺分期偿还贷款。由于其是合作性质，房屋贷款协会的存款利率较商业银行要高，并且其贷款利率又较商业银行要低。由于是一种双赢模式，房屋贷款协会发展迅速，到20世纪初时，其数量达到2000多家，平均每10万人口的城镇就有一个房屋贷款协会。为规范房屋贷款协会的运作，英国国会又通过了专门的法律加以限制，并制定友谊社负责房屋贷款协会的监管，到20世纪70年代后，合作性质的房屋贷款协会进行了大规模的合并整合，并不断调整经营方针，朝着商业银行的方向发展。

3. 孟加拉国民间资本向金融产业转化分析。

作为发展中国家，孟加拉国的民间金融有着大量的小额信贷机构，其中最著名的是格莱珉乡村银行。到2000年，这家乡村银行已发展成为贷款总额达40多亿美元、有着500多万借款人的庞大银行。它们提供大规模且标准化的金融服务，从而简化了信贷人员的决策过程，减少了对贷款申请者的信息需要，从而大大降低了经营成本。但最近也暴露出了一些问题，如还款率的下降：由于乡村银行之间的恶性竞争，借款者在一个组织欠款，但仍能从其他组织借到款，另外，由于信贷员有信贷指标任务，因而往往加大了单笔贷款金额，而贷款金额越高，还款的可能性越小；许多客户不愿加入组织：贷款者出于风险因素考虑不愿意吸收贫困者加入组织，而穷人往往忙于生计而没有时间参加组织。为拯救乡村银行，孟加拉对乡村银行的管理进行了一些改革：一是差别定价。对小客户提高利率但低于高利贷的利率，对老客户和大客户则下调利率，以增强还款的积极性。二是调整贷款金额。根据贷款人的还贷能力大小来决定贷款金额，还款能力强的客户能得到较大金额的贷款，而还款能力差的贷款人只能贷到较少的金额。三是优化金融服务。不断扩大金融服务范围，为客户提供保险、租赁、储蓄等金融服务，以规避风险。

4. 我国台湾民间资本向金融产业转化分析。

　　台湾的民间金融比较发达，形式也多种多样，在 20 世纪 50、60 年代，主要是当铺、合会、标会、地下钱庄等形式。到了 70 年代，出现了抵押贷款、租赁公司、职工集资、分期付款公司、远期支票贴现等多种形式。到了 80 年代，又出现了地下投资公司等，后来还产生了地下期货公司、地下股市等民间金融形式，其中规模最大的要数标会、地下钱庄和地下投资公司。而且在台湾，民间金融有着广泛的群众基础。例如 1984 年，台湾有一半以上的人口参与标会这种民间金融活动，而且城市居民的参与程度比农户还高。同时，家庭收入越高，参与的积极性越高。在台湾，民营企业的资金绝大多数来自于民间借贷和金融机构。例如，1964 年到 1986 年，台湾民营企业的民间借贷从 75 亿新台币增长到 6288 亿新台币，增长了 83 倍。这说明，在民营企业的资金来源中，民间金融所占的比重较高。

（三）民间资本向金融产业转化的模式探讨

　　浙江是民间资本非常充裕的地方，众多民间资本处于闲置状态，急需寻找突围方向，为此，大力进行金融创新，引导民间资本向金融产业转型是当务之急，这样，既可以弥补国有大银行留下的空白，也可以针对中小企业提供多样化的金融支撑。根据其交易特征，对于不同层次的民间资金进入金融领域的形式进行因地制宜的设计。

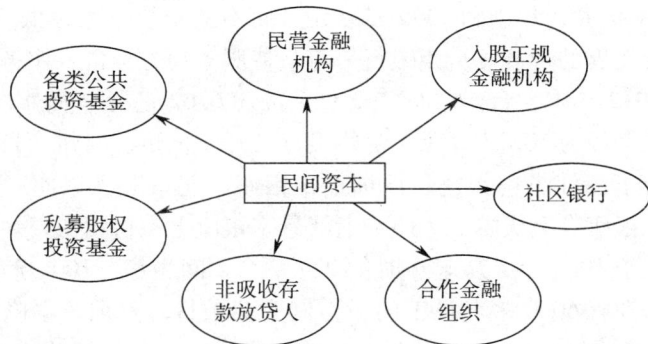

图 3-2　民间资本向金融产业转化的模式

1. 发展各类公共投资基金。

　　继续发展证券投资基金、产业投资基金、风险投资基金等公共投资基金，把大量分散的民间资本集中起来，通过专业化运作，再运用于生产领域，同时，积极探索建立创业投资损失代偿机制，提高民间资本投资积极性。2010 年 7 月 29 日，浙江省第一只产业投资基金：浙商产业投资基金成立，基金性质为有限合伙，由浙江省铁路投资集团有限公司和中银集团投资有限公司发起,管理和运作归中银投资浙商产业投资基金管理有限公司。基金公司按照"安全、盈利、流动"的原则进行投资活动。浙商产业投资基金允许民间资本以购买基金的方式进入,首期募集规模为50亿元,基金存续期为8亿~10亿元,基金发起人中银投资、浙铁投资分别出资10亿元,其余部分以定向私募方式向投资者募集,其中有一部分民营企业,如开元旅业、浙江荣盛集团、浙江恒逸集团、中策橡胶等参与。

2. 发展民营金融机构。

要将发展民营金融机构作为民间资本向金融产业转化的一个重要渠道和着力点。发展民营银行,特别是中小银行,既可以在股份制银行中注入更多的民间资本,也可以成立全新的全资民营银行。在商业经济比较发达的城市,可以将城市信用社改制为商业银行。在经济较为发达的地方,可以将农村信用社改制为农村商业银行,同时注入更多的新资金,允许城乡居民个人、农村专业户、民营企业、个体户等都可以成为新股东,不断充实资本金,而且有利于民间资本更健康地发展。这从泰隆和银座的成功案例可以看出。

如今的台州银行,其前身是银座信用社,成立于1988年,成立时只有6名员工,10万元资本金。由于立足民营企业、中小企业、个体经济,银座信用社得到了迅速发展。到2002年,银座信用社各项存款余额29.2亿元、各项贷款余额17.9亿元,年创利5000多万元,而不良贷款率始终低于1%,成为民间商业银行发展的奇迹。台州银行一直坚持服务地方经济,服务小微企业的定位。截至2012年末,台州银行贷款总余额366.62亿元,贷款户数为62731户,户均贷款余额为50.77万元。台州银行已开设杭州、温州、舟山等三家分行,发起成立了浙江三门银座、深圳福田银座、北京顺义银座、江西赣州银座、重庆渝北银座、重庆黔江银座和浙江景宁银座七家村镇银行。而浙江泰隆商业银行成立于1993年,从起步时的7个人、2间租房、100万元注册资本,发展成为一家拥有6000多名员工的股份制商业银行。目前,泰隆银行已拥有70家分支机构,服务范围涵盖台州、丽水、宁波、金华、杭州、上海、衢州、苏州和嘉兴等九大区域。截至2011年末,该行一般贷款余额为224.33亿元,贷款户数为39615户,户均贷款余额为56.63万元。其中100万元以下贷款客户数占全行一般贷款客户数的89.38%,500万元以下贷款客户数占全行一般贷款客户数的99.39%,小微企业贷款余额占全部贷款余额的比重达到86.03%。

3. 民间资本入股正规金融机构。

尤其在农村地区,引导民间资本参股农村信用社,特别是引进现有运作良好的民间金融组织，将其作为战略投资者入股农村信用社，既可以实现农村信用社的股权化，也可以促进对农村信用社的改造。农村信用社股权的民营化和多样化，可以促使农村信用社真正建立起完善的法人治理机制和约束机制。引入民间资本进入农村信用社，同时可以将原先投向地下钱庄的社会闲散资金投入到合法合规的投资平台，从而减少地下钱庄的资金来源。

至于民间资本进入正规金融机构的渠道和方式可以是多样的，既可以对农村信用社进行股份制改造，成立农村商业银行或农村合作银行等，也可以借鉴城市商业银行的模式，让投资者以股份合作的方式进入到地方性金融机构中，成立地方性的股份合作银行，从而更广泛地吸收社会资本金，增强民间资本的服务功能。

根据中国人民银行温州市中心支行的调查，2005 年以来，随着温州农村金融体制改革的不断深化，温州掀起了一股民企入股金融的热潮。2008 年 7月之后，随着小额贷款公司、村镇银行试点的不断发展，温州民间资金入股投资金融更是空前积极。截至 2010 年中，已有 1361 家民营骨干企业入股各类金融机构，入股资金约达 70 亿元。

4. 发展私募股权投资基金。

私募股权投资基金，主要是一种投资于未上市企业股权的私募基金，对处于起步、发展阶段的成长性企业有着重要作用。最近，进入我国的外资股权投资基金日益增多，而我国自身的股权投资基金却还处于起步阶段。为此，应不断完善政策加以大力扶持，并制定"私募基金法"，合理划分非法吸储与定向募集的法律界限。浙江省在 2010 年出台了《浙江省股权投资企业、股权投资管理企业登记办法》，解决了目前在创业投资、产业投资等各种股权投资基金在工商登记中的政策性问题。据悉，目前，浙江省以"风投"、"创投"等为名的企业超过 200 家，注册资金超过 70 亿元。据不完全统计，目前在温州从事私募股权投资的企业有 12 家左右，温州地区以外，温州人创办的私募股权投资公司也有 10 余家。这些机构掌握的资金从数千万元到 10 多亿元不等。其资金主要来源于实业中已初具规模的温州民营企业。

5. 发展非吸收存款放贷人。

非吸收存款放贷人主要是依靠自有资金，或者从市场借入资金，自身并不吸收存款，主要从事放贷业务的机构和个人。非吸收存款放贷人不会产生区域性、系统性金融风险，经营方式比较灵活，手续相对比较便捷，应成为今后民间资本发展的一个重要方向。要通过制定《放贷人条例》，逐步放开"只贷不存"的小额信贷市场，倡导发展小额贷款公司、财务公司等非吸收存款放贷人。

6. 合作金融组织。

合作金融组织主要包括专业性、行业性和区域性的互助合作组织，例如分期付款合作社等，其资金全部来自于民间资本，服务对象仅局限于合作组织内部。但可通过信托存款和委托贷款等方式发生内部资金与外部资金的交流，以保持互助组织具有适度的活力。合作可以是短期的也可以是长期的；可以是紧密型的也可以是松散型的。紧密型合作是一种长期性的合作关系，通过成立机构，明确相应的机构名称、规章制度及内部组织管理结构等，进行常态化管理。松散型合作是阶段性的、临时性的或季节性的合作关系，自身并没有严密的规章制度及内部组织管理结构，一旦完成了发起合作的特定任务，合作关系便自行解除。

7. 社区银行。

对于符合成立条件的民间金融形式，在提出申请的条件下颁发执照，允许其依法成立金融机构，建立民营性质的社区银行。这样，一方面，社区银行可以将本地市场吸收的资金主要运用于本地市场，缓解资金短缺现象及其可能导致的负面影响。另一方面，社区银行的建立和发展所需资金数量不大，便于民间资本进入。同时，在国有银行撤出的地区设立社区银行，打破农村信用社的垄断，填补金融服务的空白，并通过充分竞争提高金融效率。

总之，要走多形式的转化道路，不可一刀切，要发展多层次的信贷市场。一方面要加大民间资本的资本市场进入和退出机制，另一面，要积极支持民营企业利用直接融资手段，扶持企业上市筹集资金。同时，要不断完善银行间接融资体系，创建多元化的金融组织体系。对国有商业银行，鼓励吸收非国有股权，不断优化法人治理结构。对农村信用社，可推动其进行股份制改革，朝民营银行的方向发展。对股份制商业银行和城市商业银行，要进一步提高民营企业和个人入股比重，推动其重组并购。

三、浙江民间资本向金融产业转化的政策思考

（一）优化民间资本向金融产业转化的主体模式

塑造浙江民间资本向金融产业转化的主体模式应以发展一批股份制的民营银行为主，兼顾发展一些非银行的民营金融机构，如民营保险公司等。对比三种模式：模式之一是对少数已有的民营金融机构进行重组、规范和发展。例如，我国许多信用社属于集体民营，应逐步将这些信用社改组为合作银行，即将城市（农村）信用社改组成城市（农村）合作银行，并进一步规范其运作。模式之二是组建新的民营金融机构。组建新的民营金融机构，应按照《公司

法》的原则设立，采取股份有限公司的形式。例如，1996年1月，中国民生银行在北京成立，民生银行的59家股东几乎全是民营企业法人，是典型的股份制银行。模式之三是将部分国有金融机构（主要是信托投资公司）实行产权出让、逐步改制成股份制的民营银行或其他民营金融机构。考虑到浙江的实际情况，笔者认为第三种思路最优，其操作成本最小。从国外经验来看，也大多支持第三种模式，例如韩国从1981年开始，着手进行金融体制改革，将部分国有银行改制为股份制民营银行，促进了韩国经济的进一步发展。

（二）打破金融业的垄断格局

我国的银行业，长期以来是实行以政府为主导的垄断体制，银行的存贷款利率是由政府管制的，金融机构的进入与退出都要经过严格的审批，导致金融业竞争不充分，金融市场缺乏必要的风险分散机制和市场定价机制。而引导民间资本向金融产业转化，不仅有利于拓宽民间资本的投资渠道，而且有助于打破金融市场的垄断，引入充分竞争机制，提升金融业的整体效率。目前，民营企业发展受到了金融业的严重制约。长期以来，我国金融业的发展一直是国有控股，国家垄断的，直到现在，金融业一直都没有向民营经济开放。因此出现了一些奇怪的现象，一方面在某些实业或者某些服务业，民营经济发展非常迅速，另一方面金融业还是国家垄断的，形成了一个不对称的格局。金融业这种国有垄断的格局，阻碍了民营经济的发展，迫切需要创新，而其中的关键就是金融业如何民营化的问题。

为什么一定要发展民营的金融机构，特别是发展民营银行？这是因为在市场经济下，金融机构特别是银行，必须按照市场规则运行，以营利为目的，自主经营而且自负盈亏。政府不能对经营活动进行任意干预，从目前看，尽管出现了一些股份制银行，一些城市商业银行，但这些银行基本上还是国家控股的。在一个市场经济的国家里面，如果银行业不能够按照市场经济规则运作，那整个市场经济是谈不上的，一些发达国家银行大部分是民营的，有的甚至达到了100%，至少80%以上是民营的。如果银行国有控股，国家独资商业银行占了绝对统治地位或是垄断地位，整个市场经济很难正常运作，民营经济在这样的环境下也就很难获得持续发展。

（三）建立内生性民间金融制度安排

从制度结构变迁的进程来看，民间金融制度安排的实现需解决以下几个问题：一是要有特定的产权结构。即它应完全区别于国有化金融制度，以股份制形式出现，允许多渠道资本（包括私人资本、民间资本、外国资本）的介入。在成立之初，政府也可参股，其目的在于有效带动民间投资，增强民营金融机

59

构的信誉，使它们的经营与地方经济发展有效地结合。二是要重新定位政府的角色。在目前市场环境仍不够完善的情况下，政府应特别注意维护民营经济的内源融资机制，并建立起投资倾向。其中最为迫切和关键的是，国家要提供有力的制度保障，并确立和履行产权保护承诺，以此为基础，逐步取消与缓解民营经济发展的体制约束，尤其是地方政府所强加的各种交易成本与市场障碍。三是要解决路径依赖问题。发展民间金融，塑造多元化金融产权格局的具体路径是底层推进。事实证明，经济金融改革的一些实质性成果，如农村承包责任制、乡镇企业制度和非银行金融机构制度等，都产生于底层自下而上的改革过程。底层推进的意义在于：它能从人们之间"互不吃亏"的交易过程中推导出一个稳定的制度结构，并供应可使交易费用更为节约的制度化规则，其实质内容就是放开金融市场的进入和退出壁垒。虽然建立内生性民间金融制度安排是较为可行的策略，然而由于国家与民营经济围绕国有金融与内生性金融的冲突与博弈仍会存在，创建民间金融制度将是循序渐进的过程。

（四）建立健全市场准入与退出制度

对于金融机构的市场准入，即指符合相关条件并参与提供金融服务的自然人或法人，按照法律程序设立独立的金融机构参与金融市场竞争的一种市场行为。由于金融体系的脆弱性和外部性，金融机构的市场准入显得非常必要，金融机构必须要符合一定的条件、遵循一定的行为准则和行为规范才能够设立。如果民间资金向金融产业转化符合一定的条件、遵循一定的行为准则和行为规范，政府原则上就应该按照固定的程序模式，颁发经营许可证，允许开业，而不是像现在一样存在制度歧视。当前，当务之急是解除市场准入方面的制度性障碍，允许民间资本在金融服务业领域享受国民待遇，为其提供一种规范、开放的政策环境与制度安排，使得民间资金向金融产业转化的道路畅通，能获得稳定、明确的制度预期。也就是说，实现金融业的对内开放。民间资金向金融产业转化的市场准入，应该是自下而上，分步推进，是根据自身能力基础进行规模升级，而不应该是政府推动性的多层级的分支机构设置模式。民间资金向金融产业转化应从底层推进，进行根源于底层自下而上的改革过程。当前，我国金融市场开放度有所提高，但仍处于垄断状态。开放民营金融市场准入，促进民间资金向金融产业转化显得十分必要，这不仅是金融市场改革的需要，也是引导民间资金合理流向，增强金融机构竞争力的需要。

金融机构的市场退出，我国对陷入困境的金融企业退出市场，一般采用行政指令托管、接受的方式，而不是建立在市场原则基础上的退出形式。例如，在处理银行退出时，我国主要运用行政手段指定一家银行托管、清算陷入困境的银行，遗留的债权债务由托管方承接。这实际上把陷入困境的银行的金融风险进行了横向转移。该风险的接受者是按照行政命令行事的受托行，而风险的最终承担人是国家。这种方式本质上是以国家信用为后盾，而不是以市场原则为基础。虽然这种方式在短期内化解了一些银行的金融风险，但由于不是建立在市场需求的承接，可能增加托管和接受行的风险和历史包袱，同时加大了国家对风险的最终承受困难，并导致国家信用的受损。随着社会主义市场经济体制的逐步建立和完善，在新的形势下构建符合市场原则的银行退出机制已是一个不能回避的问题，这既是提高我国金融业在国际市场上的整体竞争力，进一步深化金融体制改革的客观需要。在金融机构退出方面，对有问题的民间金融机构可分类地加以规范和处置。金融机构可以依法兼并、联合、重组及自行清盘、关闭。通过优胜劣汰，堵住向社会转嫁风险的渠道，迫使民间金融机构选择高素质的经营者，并且努力审慎经营，让"适者生存、优胜劣汰"的市场经济规律同样作用于金融机构。

（五）建立存款保险制度

存款保险制度，是指为规避风险，经营存款业务的金融机构，根据吸收存款的一定比例，向特定的保险机构缴纳一定的保费，当投保的金融机构出现经营或支付危机，保险机构则通过赔付保险金等方式，帮助投保的金融机构渡过难关，保护存款人的利益，也维持金融机构的正常运转。这项制度的核心在于通过建立市场化的风险补偿机制，合理分摊因金融机构倒闭而产生的财务损失。

存款保险制度最早产生在美国，1933 年，美国国会通过银行法创立了联邦存款保险公司，此后许多国家纷纷效仿，加拿大于 1967 年设立存款保险公司，日本于 1971 年颁布了存款保险法并成立存款保险公司，德国于 1976 年，英国于 1982 年也引入了存款保险制度。目前，不少发展中国家和地区，如印度、中国台湾、新加坡等也先后设立了该制度，世界上越来越多的国家也正在研究建立存款保险制度。

长期以来，我国推行的是隐性的存款保险制度，正规金融机构在经营不善时，中央银行和地方政府往往承担起最后的偿还责任。这种模式不但给财政带来了巨额的负担，而且用纳税人的钱去为银行的经营状况负责本身就是一件不合理的事情，如果经营不善，就由政府兜底，那么经营效益较好时，纳税人是否应该分享银行的利润呢？况且有了政府部门为偿还作后盾保障，银行经营者只会加重冒险心理，降低风险的敏感性，导致坏账率居高不下，这也是为何我国国有银行坏账率明显高于外资银行和中小银行的关键因素。

为此，首推显性存款保险制度。要取消正规金融机构现有的国家信用担保机制，建立以市场为导向的社会信用机制。要以市场信誉为基础，建立一种法律、制度安排，对保险范围、额度内的存款提供保障，改变全体纳税人为银行不良资产无条件埋单的状况，使其成为真正自担风险的市场经济主体，互相竞争，互相监督。同时，要建立退出制度。存款保险制度的目的是保证存款人利益，金融机构一旦因自身原因出现经营危机，保险机构有权要求其退出存款保险体系或由其他金融机构对其接管或兼并，把民间金融机构因经营不善引起的风险降到最低。只有这样，才能保证每个参与保险的金融机构的利益，保证存款保险制度的良好运行。

（六）完善产权制度

要构建民间资金向金融产业转化的制度，培育民间金融机构，最根本是要通过产权改革，建立民间资金像国家资金一样真正成为神圣不可侵犯的合理产权制度，确立民间金融的法律地位，实现财产权的分散化，使社会公众的财产权利得到法律明确而有效的保护。产权改革对民间资金向金融产业转化来说，即是要明确民间机构投资者的所有权，以及由此派生的支配权和监督权等。这样，民间资金入股金融机构能真正有效保护投资者利益，并按公司治理结构来建立及营运，投资者从法律角度来讲成为真正意义上的股东，能根据保值增值要求来督促经营者建立规范的财务管理、内部控制、风险防范和审计稽核制度，能按照风险最小化和利润最大化原则建立评估体系来考核业绩，最终实现自有资本金的不断增加和增值。在合理的产权制度基础上，一部分民间资金组建的金融机构将会通过市场竞争而逐步发展成为真正有竞争力的金融机构，而由民间信用衍生的自发性的金融制度，才能从非正式形式转变成为正式制度的一个重要组成部分。

（七）建立健全征信制度

市场经济是信用经济，民间资金向金融产业转化主要是依靠血缘、地缘和人缘而形成的关系型信用。信用制度是保证金融体系正常运行的重要制度，征信制度的建立是金融机构降低风险和民间资本进入正规融资体系的重要制度保障。为此，要建立一个由中央银行牵头、由各金融机构参与，并联合工商管理、税务、保险、消费者协会、不动产管理等部门组成的征信体系，建立包括私营企业、个体工商户、合伙制企业、自然人在内的信用数据库。随时向客户提供有不良信用记录的黑名单，以保证金融交易中有关当事人的利益，包括金融机构本身、存款人、贷款人、信用担保机构、存款保险机构的利益。通过征信制度的建立就可以降低民间资金向金融产业转化的经营风险。在其中，首先要建立健全个人信用制度，充分利用金融机构先进的信息网络传导技术，建立健全个人信息共享制度。同时，积极培育个人信用评估机构，以此实现社会对个人背景信息、保障信息、司法信息、纳税信息的资源共享。通过个人信用制度的建立健全为民间资金向金融产业转化提供良好的外部条件。其次，建立健全中小企业信用担保体系。采取税收优惠等政策吸引民间资本入股信用担保机构，加强信用担保机构与各级银行之间的协调合作，实行风险按比例分摊的原则，适当放大担保贷款的比例，发展信用抵押担保。加强中小企业与担保机构的合作，利用风险投资公司的优势，鼓励风险投资公司发展信用担保，对投保企业进行跟踪监督管理。

（八）把民间金融机构纳入监管体系

世界上的大多数银行都是民营的，而它们能够健康地发展、壮大，其中一个重要原因，就是它们被政府纳入监管体系当中。我国也出现过一些民间金融形式，但并没有真正发展壮大，这不是因为这种经济形式本身有问题，而是政府或社会性的金融组织没有对其进行应有的监管；过去，我国将国有大银行纳入正规的监管系统，而让民间金融自生自灭，或者一出问题，就对其进行清理、整顿或取缔。既然民间资金向金融产业转化，从事金融业务，就应该将其纳入监管范围。并且应重视事前的审慎防范，而不是事后的处置；政府要重在制定和保障制度执行，当好"裁判员"，而不是充当"消防队"。同时要重视行业自律、机构的内部机制以及市场约束的补充与配合。在民间金融制度的构建过程中，要尊重民间自发的制度创新，允许制度安排的多样化。浙江，尤其是温州之所以存在较其他地区发达的中小金融机构，这只能从其基本的经济结构方面得到解释：一个地区最有效的金融结构取决于该地区企业、产业的性质。因而政府在实施强制性制度变迁时，应考虑到各地经济社会环境的差异性，引导和保护民间自发的需求诱致的制度创新，从而达到最优选择。

（九）提倡债信文化

债信文化是一种自由交易、借债还钱、损害赔偿的理念、传统和行为规范，用以支配和调节着人们之间的信用关系和信用行为。它形成于商业社会或市场社会，并随着商业的发达和市场的进化而发展，与契约文化、商业文化是同一种文化形态的不同表达和不同称谓。作为一种文化形态，债信文化是建立在个人经济自由权利，特别是私人产权得以明确界定，并得到有效实施和保护的基础之上的。只有这样，它才能支持社会劳动分工的进一步发展，减少人们相互交往的风险和成本，形成一种可以扩展的合作秩序。

民间金融活动和民间信用交易是培育债信文化的良好温床。在这里，债权人和债务人平等对待，相互竞争，讨价还价，缔约履约；自由交易、借债还钱、损害赔偿的理念和传统就会逐渐在人们的心中扎根、发芽、生长，诚信守约就会成为人们普遍的行为准则。要建立市场经济信用基础，形成与之相适应的债信文化至关重要，而要培育良好的债信文化，放开民间信用和民间金融是必由之路。

（十）改善民间资金进入金融产业的投资环境

为从根本上解决或缓解我国中小企业的融资困难，要充分发挥民间资金的作用，营造良好的金融环境，推动民间资金向金融产业转化，建立一个以中小金融机构为主体的民营金融体系。政府应加快金融体制的改革，形成有效的制度安排，提供有利于民营金融业发展的良好制度环境，大力吸收民间资本参与金融重组，引导民间资金向金融产业流动，实现民营金融规范化发展。既可以通过成立新的民间金融机构吸引民间投资，例如成立中小企业投资公司，也可以对已有的金融机构进行民营化改造。

第四章 浙江民间资本集群化发展研究

一、产业集群化与资本集群化

对于产业集群的内涵，国内外很多学者进行了界定。Potter（1998）提出的集群概念在国外学者的研究中具有较强的代表性：集群是某一特定领域内互相联系的，在地理位置上集中的企业和机构的集合。从国内的研究来看，吴强军（2004）对产业集群的内涵进行了较为精确的概括：集群具有地理集聚和专业化特征，包括原材料、设备商、生产服务业等上游企业，也包括销售商、客户等下游企业，也包括培训教育机构、科研机构、信息供应、投融资部门等中介服务机构。余东华（2007）认为，产业集群是根据专业化分工原则，与某一产业相同、相近或相关的企业集聚于地理上相对集中的区域，同时也集聚了相关的生产性服务机构，形成了一种共生网络组织。

根据国内学者们的研究，可以把产业集群特征归结为：产业集群是介于企业科层体系和市场之间的经济组织形式，这些集群中的企业既相互独立又相互关联，彼此具有分工协作的关系。产业集群具有科层企业和市场所不具备的优势，推动了区域经济的快速发展（蒋志芬，2008；周泯非、魏江，2010）。

（一）产业集群式发展模式的文献综述

1. 成长模式。

（1）形成模式。对于产业集群形成的原因，大量的国内外学者从不同角度进行了阐释。专业化分工理论认为，专业化分工导致了市场规模的扩大，形成了产业的空间集聚，而产业空间集聚过程中形成了企业的合作，有效降低了监督成本、交易成本，实现了企业的规模报酬递增（杨小凯，1998）。竞争优势理论认为，地理意义上集中的企业彼此会产生竞争，竞争使企业不断创新，而创新成果在集聚的企业间能够快速传播，使集群中的企业都能够共享创新成果（Button，1976）。杨保军（2004）把集群形成模式划分为三类：根据地理区位和交通便利优势形成的产业集群，广东珠三角的多个高科技产业集群是该类集群的典型案例；根据技术和劳动力等优势形成的产业集群，硅谷是著名的以技术为优势形成的产业集群，浙江温州是以劳动力为优势形成的产业集群；根据历史文化优势形成的产业集群，如意大利中小企业集群。

周镕基、阳玉香（2006）把产业集群形成机理归结为：规模经济与外部性；集群竞争优势；外商直接投资；产业管理关联延伸；制度与政府政策。余东华（2007）认为产业集群形成的动力源自于社会资本的地域分工、在规模经济和范围经济基础上产生的集聚经济、节约生产和交易成本的合作效率以及与柔性生产方式相对应的技术创新与扩散机制。而根据推动产业集群形成原因的不同，陈军、陶永宏（2006）把产业集群形成模式归纳为市场推动模式、企业衍生模式、地缘内生模式与外来移植模式。市场推动模式是指区域内的专业市场与企业的联动发展推动了产业集群的形成；企业衍生模式是拥有核心技术的大企业通过孵化、裂变、企业间模仿等方式带动了产业集群的形成；地缘内生性模式是依靠区域的地理环境、历史文化传统、资源禀赋等因素形成的产业集群；外来移植模式是以外商直接投资主导形成的集群，如江苏的昆山和广东东莞的产业集群。

（2）升级模式。Porter（1990）认为产业升级是指一个国家或地区的资本（包括人力资本和物质资本）相对于劳动力和资源禀赋更丰富时，该国家和地区在资本和技术产业上变得具有比较优势的过程。Humphrey 和 Schimtz（2000）认为产业升级应包括以下三个类型的企业变化过程：第一，流程升级，指公司通过更新生产体系或者引进更先进的技术提高投入产出效率；第二，产品升级，指公司通过引进更先进的生产线提高产品档次（可以以提高每单位产品价值来定义）；第三，功能升级，公司能够在设计领域或者是市场营销链条当中获得新的功能。

在全球化进程日益加快，我国经济发展方式转型和经济结构战略调整背景下，产业集群面临转型升级的机会和挑战。贾生华和吴晓冰（2006）认为浙江产业集群应该由地方价值链走向全球价值链，并且采取工艺升级、产品升级、功能升级、跨链条升级等模式进行有效的升级。成伟、张克让和刘晓（2006）提出了产业集群未来的演进方向：全球化、技术化和生态化与可持续发展。全球化是指产业集群直接或间接地纳入全球化的产业价值链当中；技术化是指产业集群的生产由传统要素投入转变为以高新技术要素投入为主导的演进形式；生态化与可持续发展是产业集群与区域经济、区域社会系统、区域资源系统，尤其是环境系统形成协调的可持续发展体系，实现区域经济发展效益的长期最大化。吴波、贾生华（2008）从嵊州领带集群企业的经验中，归纳出了浙江集群企业升级的两种重要模式：提升产品制造加工工艺和提高产品设计研发和市场营销等产品服务领域的功能。

（3）转移模式。目前已经有多个东部沿海地区的产业通过集群式的跨区域发展，转移到中西部地区，复制自己的优势生产模式，同时降低成本。杜道洪（2009）指出，核心共生型集群倾向于选择整体外迁，这些企业转移到其他地区往往处于以下三种目的：寻求更优惠的政策、获取更充分的资源和降低劳动力成本，以及核心企业的带动。集群内半数以上的企业迁移到新地区后，就有可能形成比原集群规模更大的新集群。符正平、曾素英（2008）认为决定产业集群是否转移的因素不仅仅包括成本、市场、政策、企业战略等因素，非经济因素也是影响集群转移的重要原因。他们从社会资本视角研究了集群产业转移中社会网络对企业转移模式和行动特征的影响。网络异质性和网络中心性强的集群企业倾向于选择性转移而不是复制性转移；网络异质性越强，网络联系强度越弱，集群企业转移就越倾向于采取单独行动而不是集体行动。

2. 管理模式。

（1）治理模式。产业集群的治理模式介于科层与企业之间，是一种混合型的治理模式。治理的目的在于降低交易成本，使交易得以实现，实现交易各方的收益。但是不同的产业集群的治理模式彼此间也存在较大的差异。周泯非和魏江（2010）从制度层面提出了集群治理模式是包含层级控制、社区规范和市场自治等三类微观治理机制的混合治理机制。这三类微观治理机制在不同的产业集群中发挥着不同的作用，有的地区产业集群主要体现为以核心企业为主导的层级制治理结构，有的地区则以市场和规范相结合的治理方式为主，有的地区体现为三种机制共同发挥作用的混合式治理结构。这些治理模式各有利弊，在环境动态演变和参与者创新等条件影响下，集群内的治理模式会出现演变和转化。演化规律可以分为以下三类：第一类是自组织模式向中心领导型治理模式转化；第二类是自组织模式向多元协作性治理模式转化；第三类是自组织模式向中心领导型治理模式转变后，再转变为多元协作型治理模式。

（2）创新模式。产业集群具有一定的生命周期，必须要不断创新才能实现其可持续发展。产业集群是通过网络式创新完成其创新过程的。集群的地理集中性和业务相关性促进创新的竞争效应和协同效应，为创新提供压力和动力，加速创新成果的扩散和传播，形成有效的创新网络。集群中的大学或科研机构的科研成果在集群创新网络内也能够有效转变为生产力，政府、中介机构、金融机构出于自身利益也会在创新网络内发挥作用。网络式创新模式遵循了交流、竞争、合作、分享、评价等五个阶段（贾爱平、刘宏文，2008）。汤长安（2008）研究了集群成熟期技术创新的扩散过程模式，首先是集群内技术创新扩散主体的确定，其次是选择技术创新扩散方式，再次是技术创新在外围企业中应用，最后创新在外围企业间模仿并且扩散开来。汪少华、汪佳蕾（2002）认为浙江企业集群成长创新模式遵循了"观念创新、制度创新、技术创新"三位一体的创新模式。信用网络是创新的基础，观念创新是制度创新的前提。"抢先一步"为浙江集群发展赢得了优势。郑明（2009）认为浙江的集群经济得益于观念创新和制度创新先行的复合创新模式，并且以中小企业网络创新和专业市场、特色产业联动创新为特征。

3. 投融资模式。

（1）投资模式。綦建红（2003）认为产业集群式投资是中小企业对外投资的理想模式，产业集群具有企业互动、企业互助、竞争升级、外溢效应等竞争优势，其投资效应要优于单个企业对外投资的简单加总。集群对外投资的产业可以以劳动密集型产业为起点，投资路径具体可以选择国内经营到出口，再到设立海外代理，进而设立海外生产公司的渐进式途径。我国政府应该从制度层面、融资层面、信息层面、技术层面、组织层面提供政策服务。范云霄（2006）认为中小企业通过集群式对外投资具有外部规模经济效应和外部范围经济效应，因此产业集群对外投资模式也可以分为基于外部规模经济形成的投资集群和基于外部范围经济形成的投资集群，这两种投资模式往往交叉同生于同一个集群中。

（2）融资模式。融资难是中小企业普遍面临的困境，集群内的中小企业也不例外。常云峰、董辉（2007）提出了产业集群整体融资的构想，通过产业集群内相关企业的有机整合，发挥各类行会以及政府部门的作用，实现产业集群的框架融资。蒋志芬（2008）以江苏省为例分析了中小企业集群融资优势与融资模式。他认为产业集群可以采取团体贷款模式、互助担保融资模式、企业间融资机构模式、区域性中小商业银行模式四种融资模式。团体贷款模式是指团体成员对其他成员贷款归还负连带责任，有利于降低逆向选择和道德风险；互助担保融资模式是指通过成立担保公司或者互助担保基金降低金融机构与企业的交易成本；企业间融资机构是指集群内的企业建立内部融资机构，为会员提供贷款或者投资；区域性中小商业银行模式是指通过发展中小金融机构，形成合理的贷款利率。黄真真（2008）提出应完善集群企业的融资服务体系，包括发展社区银行，完善企业融资的信用担保体系，在集群内设立产业发展基金和风险投资基金，政府应完善产业集群的基础设施建设，行业协会应提供相关信息服务。

4. 组织模式。

王祖强（2006）把浙江产业集群的组织模式分为以下三种类型：第一种是以专业市场为核心的集群，这类集群以义乌小商品城、永康五金市场等集群为代表；第二种是以区域品牌为核心的集群，这类集群的优势在于产业区的整体品牌资源；第三种是以企业集团为核心的集群，如以吉利、双菱为核心的台州路桥气摩配集群，这是浙江民营企业集群式发展的主要方向。余东华（2007）提出，产业集群分为三种基本组织类型。第一种是空间辐射型，也被称为是"轮轴式"或"中卫式"集群组织形式。主要是龙头企业＋卫星企业的组织方式，规模不同的企业在集群中发挥不同的作用。龙头企业负责技术、品牌和市场，中小企业作为大企业的外包协作企业，负责配套生产。第二种是产业链条型，集群内的企业分属于同一产业价值链条的不同位置上，互相之间是上下游的投入产出关系。第三种是共生网络型，集群内的企业以某一主导产业为核心，互相之间形成多种形式的联系，形成网络型的共生关系。

（二）产业集群化与资本集群化的关系

根据迈克尔·波特的概念，产业集群可以理解为是在特定行业内相互联系，并在地理位置上有集中性的企业集合。可见，"产业集群"中的"集群"概念是以空间地理为界定标准的，产业集群中的资本呈现出来区域性特征，可以归结为是资本集群，但是资本集群又不能仅限于存在于产业集群当中的资本，广义来看，资本集群可以理解为，资本在某个领域的群体性行为。因此，资本集群可以以多种形式存在，包括货币资本集群、商业资本集群、金融资本集群、虚拟资本集群、产业资本集群等。因此资本集群也存在于多种行业当中，可能存在于某些生产性行业当中，也可能存在于其他行业投资当中，包括旅游、餐饮、基础设施、房地产投资、股市投资、煤矿投资、金融机构投资等。

1. 产业集群化必然伴随着资本集群化。

资本存在的最初和基本形式就是产业资本，资本主义资本最初产生也是从手工作坊开始的。当某个地区的产业呈现出集群化发展的特征时，集群中的每个企业中的资本也同时形成了资本集群。浙江产业集群的形成也是从零星的家庭手工作坊起步的，经过一个演化和选择的过程，逐渐形成了服装、鞋类、打火机、眼镜、皮革制品等产业集群，同时也催生了浙江的资本集群。

根据 Krugman（1991）的总结，产业集群形成主要由于以下几个原因：第一，产业集群能够使得有特定技能的劳动力共享集中的就业市场；第二，产业集群能够支持非流通性中间投入品的生产；第三，产业集群产生的信息溢出效应能够使集群中的公司比非集群化公司获得更好的生产效益。因此，产业集群具有规模报酬递增优势。潘安敏、张金海（2007）据此得出结论认为这能够形成资本聚集的强化机制。可见，产业集群化的过程中，还会不断吸收资本，进一步强化资本集群式投资。

在浙江产业集群中运行的民间资本集群有以下特征：浙江大部分产业集群的企业规模并不大，但是大量中小企业在空间上集聚，最终形成的产业或者企业集群却能够产生较高的年产值，通常可达到年产上亿元，有些产业集群可以达到几十亿甚至上百亿元。因此资本集群内的个体资本规模不大，但是资本集群的总量规模则有很大的规模。而这些浙江产业集群中的中小企业大部分都属于劳动密集型企业，在产业链条结构中层次较低，随着竞争加剧，发展空间有限。在这些中小企业中累积下来的民间资本需要寻找新的投资增长空间。

2. 资本集群在产业集群中发展到一定阶段，将会产生独立于产业集群运行的要求。

民间资本在产业中发展到一定阶段，就会产生独立于产业集群发展的需求。改革开放后，浙江经济经过三十多年的发展，已经累积了大量的民间资本，并产生了向外扩张的冲动，开始出现浙江民间资本以集群的形式跨区域流动寻找投资机会。在许多领域都有浙江资本集群的身影，尤其是温州的民间资本，总是能凭借敏感的市场嗅觉，抢先找到获利潜力巨大的投资领域，可以说是浙江民间资本的代表。从2001年开始，温州民间资本进入房地产投资领域，据统计房地产市场中有2000亿元的温州资本；温州民间资本也大量进入山西煤炭投资，在鼎盛时期，有40%的中小煤矿由温州资本掌握；温州民间资本也一度进入新疆棉花市场，退出时也获利甚丰；另外，温州民间资本根据政策和市场变动，分别投资过小水电站、股市、有色金属、石油等多个领域。国家在2007年允许民间资本进入私募基金后，温州民间资本注册了300多家创业投资机构，聚集了1500亿元的资本。① 可见，逐渐从原有的产业集群脱离出来后，民间资本集群的原有产业资本集群形式发生变化，成立创业投资基金、产业投资基金、风险资本集群等货币资本集群，并以货币资本集群的形式投入产业，投入形成虚拟资本集群、产业资本集群、金融资本集群等。

有效地引导这些资本进行集群式的投资，一方面有利于形成产业的增长极，促进区域经济的发展；另一方面则有利于民间资本的保值增值，实现民营企业家个人财富的有效管理。

---

① 温州资本的投资路线图. 网易新闻, 2010 – 05 – 27. http：//news. 163. com/10/0527/07/67M40FD100014AED. html.

3. 资本集群式投资为产业集群转型升级提供了有力支持。

浙江民间资本大多来自于浙江中小企业形成的产业集群的积累，从产业集群中产生的浙江民间资本，其重要的投资方向之一仍然是有增长潜力的产业集群。

民间资本为产业的集群式发展提供了重要的资金支持，是支持产业集群形成和发展必不可少的重要因素。例如，美国硅谷是典型的高科技产业集群，以 IT 产品的集群化生产而闻名于世。硅谷的发展除了高技术人才、企业家、高层次大学的集聚性因素之外，资本的集聚也起到了决定性作用。

资本集群能够选择生产效率最高的产业类型和企业，有发展潜力的产业集群能够持续吸引民间资本，形成资本集群。产业集群中的企业面对相同的生产要素和市场，因此，企业将尽量提高生产效率，降低成本，提高竞争力。集群内部企业竞争力不断提高，也将吸引大量的资本进入该地区，形成资本的集群式发展。

浙江模式在发展中出现了一些问题，比如：经济增速放缓、投资环境恶化、城市供给短缺、出口增长受阻等问题（胡彬，2008），民间资本的持续有效投入能够改善浙江企业的资本模式。资本的集群式投资提高了产业集群的整体竞争力，来源于同一区域资本集群的投资人文化背景相似，在观念上容易沟通，有利于在管理、技术、分工上进行合作。资本的集群式投资也会不断吸纳新的资本加入本地区，有利于本地区新生企业的繁殖成长以及有潜力的中小企业发展壮大。

资本集群式发展也有利于为产业集群建立企业服务组织和交通运输网络，改善产业集群的投资环境，也有利于吸引金融机构、中介公司等服务机构进入产业集群。而集群内部的企业提供共同生产工资流程和行业标准，形成产业链条和产业分工协作机制，进一步吸引民间资本，大量资本在产业内的聚集，形成了资本的集群式发展。产业集群和资本集群形成了互相支撑的内在关系，共同推动浙江经济结构的转型升级。在此，有必要研究浙江资本集群式发展的动力机制以及发展条件，归纳分析浙江资本集群式发展的模式和路径，提出相关的政策建议。

（三）资本集群式发展的动力机制

1. 集群内资源共享。

第一，共享基础设施是资本集群式发展的重要原因。当资本集群在一个地区初现雏形后，政府在水电、交通设施、信息服务部门等公共设施建设的投入也会增大。集群内的企业可以通过资源共享获得比单个企业更好的公共基础设施环境。第二，信息服务部门、金融服务部门、中介公司等资源共享也推动了资本集群式发展。资本集群中的大量企业成为这些中介服务部门的客户，资源共享能够降低中介服务成本。第三，集群式发展中的资本能够共享销售市场，集群式的企业能够通过合作获取更大更广泛的销售市场。第四，资本集群能够从外部吸引大量的人才和熟练工人，集群内部培养的成熟劳动力也能够自由流动，实现人力资本的共享。

2. 创新与学习的叠加和强化。

资本集群内部能够有效地组织学习，并通过知识的溢出效应促使显性知识和隐性知识在集群内部的复制和传播。知识在集群内部的传播中将会通过知识的交叉和融合衍生出新技术、新流程、新方法，这些新技术又会在下一轮的学习过程中获得进一步的强化，在不断的强化和叠加过程中实现持续的创新（吴强军，2004）。

3. 交易成本的降低。

集群内部的企业能够实现多种意义上的成本节约和降低。集群本身的地理集中性降低了企业的原材料的运输成本、仓储成本等；集群内部的资源共享节约了信息搜索成本，降低了信息不对称成本；集群内部的企业往往具有密切的合作关系，在多次重复博弈中容易形成信任机制，降低了企业的谈判成本；企业通过资本集群对外的统一采购，降低了生产成本；通过集群内技术的共享，降低了研发成本等。

二、浙江资本集群化发展的优势和制约因素

（一）优势

1. 历史文化传统优势。

浙江省的自然资源相对匮乏，人均耕地面积也相对较低。但是浙江却有着根深蒂固的经商文化和传统，其原因可以归结为沿海的环境特征给予了浙江人敢于冒险的性格，而亚热带气候中的浙江人适应了常年的劳作，养成了勤勉、坚韧、精细、善于经营的特点（陈三铭，2004）。

浙江的民营资本在文化传统上有敢冒风险、敢为人先、敢闯市场的鲜明特征，这有利于资本集群的形成和发展。典型的如浙江的温州地区，具有丰富的民间资本，温州地区的传统文化也具有支持创业、鼓励资本运作等文化传统。在观念上，浙江居民也较早地接受了资本作为生产要素参与财富分配的思想。

温州的民间资本也具有极其灵活的市场敏感度和适应能力，能够凭借市场嗅觉寻找到最前沿的商机，一旦发现能够通过投资产生高利润的领域，信息将会在社会关系网络，包括血缘关系、亲缘关系、家族关系等迅速传递，并且聚集大量资本投入到新型产业中来。资本集群的内部投资人通常在地理上具有集中特征，在民间资本运作的多次博弈后已经形成了互相信任的合作关系。这有利于资本集群内部成员着眼于资本投资的共同利益，保持长期合作关系。

2. 制度优势。

在 1992 年邓小平同志南方谈话之后，在制度上正式确定了私有经济发展的合理性，形成了目前浙江以非公有制经济为主体的所有制结构，浙江的非公有制经济比重大大高于国内各个省份非公有制经济的平均水平。随着非公有制经济的发展，浙江地方政府经历了无为而治、默许、引导、提供服务几个阶段，浙江地方政府在非公有制经济不断发展中不断适应并进行制度创新，其管理体制和服务能力在国内都处于领先水平。这样的制度环境有利于资本集群的形成和发展。

浙江省已经形成了按照市场规律运作的资本投资机制。浙江资本的投资观念和意识也很强烈，在这样的市场化体制下，民间资本的活跃程度也较高，有助于资本的集聚，通过集群化投资，加快科技成果转化，推动各类产业集群、市场集群、品牌效应的形成。

而浙江经过改革开放以来的发展，形成了大量的民间资金积累，通过资本的集群化投资，能够充分吸纳这些民间资金，扩大浙江资本集群规模。

3. 企业家优势。

企业家是资本集群化发展的发起者和推动者。浙江民间资本持有者具有较好的企业家才能和企业家精神，也具有很强的学习和模仿能力，当浙江民间资本持有者确定了有增长潜力的项目或者企业后，在高收益的驱动下，浙江的企业家通过社会网络获得私人融资，不仅把自身的资本投入到项目或者企业当中，并且会利用自身的社会网络带动其他企业家共同投入资本，建立起资本之间的信任，促进资本集群内部的资源共享机制；在资本集群中，企业家将会共同建立研发团队，投入科研经费，与科研机构和院校合作，开展自主创新。因此，浙江的民间资本能够在某个行业内迅速产生规模优势和市场占有率，形成行业内的资本集群。

4. 经济发展水平优势。

浙江经济发展水平较高，浙江的人均收入在各个省份[①]中排名第一，目前已经形成了较大的资本规模。根据有关机构预测，浙江民间资本为 8000 亿元

---

①　北京、上海、天津等几个直辖市除外。

到 10000 亿元人民币，仅仅温州人持有的民间资本就有大约 6000 亿元。可见，浙江资本具有集群化发展的总量基础，对这些资本进行充分的组织、整合、管理，形成的资本集群能够投资包括大型项目、基础设施、金融等各类资本规模要求较高的行业。

（二）制约因素

1. 投资渠道传统单一，实业投资比重过低。

浙江民间资本投资渠道主要分布于房地产投资、证券投资、实业投资三大领域，相对于实业投资，房地产投资、证券投资收益往往高于实业投资，因此大量浙江民间资本聚集在非实体经济领域，形成了大量房地产和证券投资的资本集群，实体经济项目中资本投入比重相对较低。

浙江民间资本集群以房地产和证券投资的形式存在，很大程度上是出于收益的考虑，房地产价格近些年来的大幅度上涨，导致房地产投资的收益远高于投资制造业等行业，根据资本的逐利性质，大量资本聚集于房地产投资当中。

另一方面，实业投资环境仍然有待改善，垄断行业进入门槛过高，尽管近年来相继出台了拓宽民间投资领域和范围的政策，但是目前对民间投资和私有财产的保护仍然不够，山西煤改中浙江民营资本的退出就是典型的政策风险案例，民间投资者对于未来收益仍然无法形成稳定预期，在实体经济中形成大型资本集群受到的限制仍然较多。

2. 投资模式松散，组织效率较低。

浙江省的民间资本虽然规模大，表现活跃，但是投资模式却较为松散。例如，温州的投资者喜欢抱团投资，通常是本地人在某个投资领域获得了成功后，在这样的示范效应下其他投资者扎堆把资金投下去，形成资本集群。但是对于通过私募基金、风险投资这样的基金形式或者专业公司形式的投资方式，浙江的民间资本却鲜有兴趣。例如，2010 年 4 月，浙商创投发起成立的国内第一只主打低碳概念的私募基金——诺海低碳基金到温州进行项目推广，最后一共募集了 2.2 亿元资金，虽然超过原定需求，但来自温州的投资仅占 10% 左右。①

浙江民间资本相信本土投资的带头人，但却对专业投资机构不信任。因此，浙江民间资本集群大量存在，但都是通过松散的个体投资人扎堆形成的。并没有以机构、公司、基金等专业化组织的形式存在。

这样的资本集群由于只是靠非正式的地缘关系、血缘关系、行会、协会等

---

① 浙江"民营资本"投资调查. 中广网，2010 - 07 - 06. http：//www.cnr.cn/jrdt/201007/t20100705_ 506686831.html.

组织在一起，并没有正规的资本集群组织者和管理者。这样的资本集群在吸引资本进入时也是非正式的，靠亲戚朋友推介进入的。在需要资本集群投资方向转移或者资本集群投资行业转型升级时，也难以有组织有效率地实现资本撤出和转移，仅仅是凭借集群内带头人凭直觉判断市场环境的变化，先行撤出后，其他集群内的投资者选择跟进或者依然留在集群内。在投资环境出现恶化的情况下，缺乏正规的组织形式和管理者使浙江资本集群难以统一行动并形成合力来应对风险。

3. 创新能力不足，竞争过度。

浙江大量民间资本存在于劳动密集型的中小企业，缺乏核心技术，抵御外部冲击能力较差。大量的中小企业资本在同一地区，但是集群的分工协作、技术合作、服务共享机制并未建立。这些中小企业民间资本主要走产业低端路线，缺乏自主创新，通常是互相模仿，产品技术含量低，主要以降低成本的方式达到竞争优势。在这样的集群当中，往往存在过度竞争，企业之间竞相降低成本，产品质量下降。导致了浙江民间资本集群发展的可持续性差，资本往往锁定在低端产业上。

4. 难以获得融资支持。

资本集群化发展需要资本能够具有集聚各类资本的能力，各类资本集聚起来形成的资本集群具有规模大和结构多元化等优势，能够有效地实现投资目标。但是浙江民间资本集群的融资往往受到外部因素和内部因素两方面的制约。民间资本自身具有家族式和地缘式的特点，容易导致外部资本的进入壁垒；另一方面，由于民间资本集群的投资方向在正规金融机构看来风险较高，正规金融机构和正规投资主体并不愿意向民间资本集群中投入资金。这些使得这些产业在改善治理结构、规模扩大、转型升级等方面受到了很大的限制。

三、浙江资本集群化发展的模式与路径

（一）资本集群化发展的模式

1. 以人力资本为主导的资本集群化发展模式。

资源禀赋是企业集群化发展的最初动因，但是浙江省在自然资源、土地资源、工业基础方面都是个相对匮乏的省份，理论上来讲并没有资本集群化发展的基础。但是浙江省由于历史、地理、文化因素的影响，拥有大量的具备企业家才能和企业家精神的创业者。浙江的大部分企业在起步阶段，往往受到资金不足的限制，主要靠具有企业家精神的创业者以家庭作坊式的生产方式组织生产，这决定了浙江的企业发展之初主要以人力资本为主导。而其他的近距离的

亲戚、朋友、邻居等创业者竞相模仿，发展出一批同类的中小企业，这些企业通常在原材料、运输、销售、信息等方面能够实现共享，并且快速发展。经过自然演化和优胜劣汰的竞争选择过程，形成了较大的资本集群。

在这种人力资本主导下形成的资本集群通常集中在劳动密集型行业，有助于吸收城镇和农村剩余劳动力在当地就业，提高居民收入。

2. 以稀缺性资源为导向的资本集群化发展模式。

当某些地区拥有某种稀缺性资源时，在该地区往往会形成依托该种资源的资本集群。例如，山西煤炭业存在的大量浙江民间资本。在2003年前后的鼎盛时期，山西约有逾2400座各类煤矿由温州企业家经营，占山西中小煤矿的60%左右，年产煤炭8000万吨。根据浙江省国土资源局等部门的一项调查，截至2009年10月，浙江资本在山西投资煤矿企业已经超过450家，投资总额在500亿元以上，浙籍相关从业人员在10000人以上。这些浙江资本当中，温州资本占到了多数，而且很多都是依靠民间借贷募集起来的资金。这种温州民间资本大量进入山西煤矿的现象，被称为"温州炒煤团"。[①] 集中在稀缺性资源的资本集群能获得高额利润，但是也存在较大政策风险、市场风险和经营风险。政策风险的典型例子就是山西煤炭业改革；石油价格、煤炭价格等能源价格往往波动幅度巨大，容易导致能源行业中的资本遭遇市场风险；能源生产区域一旦出现矿井爆炸、漏油等事故，将会使能源行业的资本面临经营风险。

3. 以技术为导向的资本集群化发展模式。

高科技资本集群的形成与发展通常以技术为导向，此类集群通常集中在高新技术创新具有比较优势的区域，因此，这类资本集群通常依托高校、科研机构、创业人才建立起来。以中关村科技园区为例，目前中关村拥有包括联想、方正等2万家高新技术企业，以北京大学、清华大学为代表的39所高等院校，以中国科学院和国家部委为代表的在京院所、民营研究所140多家；拥有在校大学生40余万人，每年毕业生超过10万人。吸引了上百万高素质创新创业人才，留学归国创业人员占到了全国的四分之一[②]。以技术为导向的资本集群通常以风险投资、创业投资等股权投资的形式进入高技术企业，是技术创新不可缺少的要素。

4. 以专业市场为核心的资本集群化发展模式。

① 独立调查：500亿浙江民间资本深陷山西煤业变局. 2009 - 10 - 14. 浙江在线新闻网站，http：//www. zjol. com. cn/05zjnews/system/2009/10/14/015916100. shtml.

② 中关村国家资助创新示范区简介. 金融时报，2010 - 07 - 13. http：//finance. stockstar. com/JL2010071300000828. shtml.

浙江的很多资本集群都是与专业市场在相互促进、互相依托的过程中发展起来的。一般而言，首先是零星的小企业逐渐发展成为具有一定规模的企业集群，企业集群的扩大为市场提供了充足的商品供给，促进了专业市场规模的扩大，专业市场进一步吸引资本的投入，带动了资本的集群化发展。

例如，义乌小商品市场是全国乃至世界著名的小商品市场，辐射全球200多个国家和地区，已经有100多个国家和地区的外商常年在义乌采购小商品。义乌通过专业市场带动家庭作坊式小商品生产，并且形成了饰品、袜业、文化用品、拉链、毛纺、化妆品、玩具等优势产业；随着小商品市场的兴起，大量摊位经营者累积资金兴办企业；随着市场交易规模的扩大，又引来了各类企业，最终形成以小商品市场为核心的资本集群。①

对于购买者而言，在资本集群周边的专业市场能够以较低的交易成本获得产品，并且通过各个商家获得低价格、高品质的商品；对于资本集群内的企业而言，集群周边的专业化市场提供了强大的商品销售网络，加快了商品的销售速度，缩短了商品的流通时间，此外，在专业市场能够获得价格的最新变动、品种结构的更新、产品供求变更的信号，能够及时根据市场变化更新生产；对于资本集群而言，专业化市场能够促进企业的技术进步和管理水平提升，促使企业产品的升级换代。因此，以专业化市场为核心是浙江资本的重要发展模式。

5. 以专业化分工为特征的集群化发展模式。

资本在集群化发展过程中并不是彼此完全同质性的发展，随着生产的专业化发展，产业链条甚至生产工艺流程中的各个环节都会从原生产企业中分离，形成专门负责某个环节或者某个加工过程的配套企业。生产、销售、服务由不同的企业分工协作，服务企业也分为产前、产中、产后等不同类型。比如，一些小企业集群中，除了生产企业，还包括原辅料生产企业、包装企业、设备配件供应商、营销商、运输企业，以及其他服务性企业（王平，2005）。因此，资本的集群化发展中，资本的投入也呈现出专业化分工的特征，在集群当中，资本根据投入形式的不同呈现出不同的形态。

6. 以股权投资基金为平台的集群化发展模式。

仅仅通过民间资本持有者非正规的"抱团"、"扎堆"难以形成有实力的大资本，因此也难以进入金融服务、社会事业、基础设施建设这样资本规模门槛很高的领域。目前，浙江已经存在大量追求整合转型的资本，希望通过资本

77

---

① 义乌：民营企业迈出开放新步伐. 经济日报，2008 - 03 - 12. http：//www. yw. gov. cn/glb/ywgl/ywkf/2005/zh/200803/t20080312_ 108897. html.

集群式投资，实现资本的正规化、持续化发展。

　　成立股权类投资基金是资本集群式投资、规范化管理的有效投资方式。例如，创业投资基金是股权类投资基金的一种典型方式，创业投资基金主要对有潜力的中小民营企业和创业期间需要资本的民营企业进行投资，并参与这些企业的公司治理和战略发展，在所投资公司进行 IPO、兼并收购、股权回购等程序后，创业投资基金能够获得高额回报，并及时退出进行下一轮创业投资。

　　通过成立产业投资基金、创业投资基金，把民间资本聚集起来进行基金化管理，浙江民间资本已经做了一些有益的尝试。例如，2007 年成立的浙商创业投资股份有限公司吸引了浙江喜临门集团、传化集团、滨江集团等 12 家大型民营企业出资作为创始股东，并在发展过程中将逐渐吸纳更多的民营资本参与其中。浙江一些著名的民企也在朝这个领域转型。温州各类形式的本土创投或投资公司已经有 100 多家，而万向集团、横店集团和传化集团等浙江传统大型企业都开设了投资公司。①

　　（二）浙江资本集群式发展的路径

　　1. 依托中小企业集群发展的路径。

　　浙江的原始民间资本大多是从中小企业的经营中逐渐累积而成。因此这些资本构成的集群也通常集中在中小企业当中。其特征是"小资本、小企业、大市场"。浙江很多特色产业中的资本都是依托中小集群存在的，绍兴的轻纺、海宁的皮革、嵊州的领带、永康的五金、温州的皮鞋、诸暨的袜业等，处在这些产业集群中的资本无一不具有上述特征。在这些集群当中的资金也是浙江本地的中小规模的民间资本。这是浙江民间资本的一种典型的集群式存在形式。这些资本集群有效地支持了这些地区产业集群的发展，是支撑浙江区域经济竞争力的关键要素。

　　但是目前类似产业集群中的资本普遍都存在创新能力弱、品牌发展落后的缺点，依托中小企业发展的资本集群应该尽快通过技术创新提升产品层次，提高小企业的标准化整合程度，引导集群共同打造区域品牌。

　　2. 依托大企业为核心的资本集群化发展路径。

　　这种资本集群化通常以某行业中的龙头企业为中心，中小企业与大企业协作发展的资本集群形式。浙江省不乏大型的企业，但是这样的资本集群式的投资形式却相对较少。宁波鄞州区的服装产业集群在结构上有类似的特征，雅戈尔、杉杉、洛兹等具有著名品牌的大企业和上千家个体私营小企业共同组成产

---

① 浙江"民营资本"投资调查．中广网，2010 - 07 - 06. http：//www.cnr.cn/jrdt/201007/t20100705_ 506686831. html.

业集群。宁波鄞州区的产业集群中资金也是以民间资本为主，形成的资本集群中的各类企业中的资本也是以不同的形式在运作，以雅戈尔为代表的大企业资本致力于拓展投资的范围和投资的领域，而中小企业则在拓展自身的业务和销售市场，实现资本在企业内部的增值。

浙江省应积极发展依托大企业为核心的资本集群。大企业主要是创新企业，带动技术的升级，带动整个行业的发展。一方面，中小企业与大企业合作，作为其供应商或者是服务商；另一方面，中小企业追随大企业进行技术的革新和提升，与大企业公平竞争，形成自己的特色和优势。通过这样的形式聚集几个大企业和数千个中小型企业，吸引资本的集群式投入，依托大企业为核心的资本集群式发展模式比较适合电子信息类的资本集群发展模式。

3. 依托能源产业的资本集群式发展路径。

浙江资本在能源类行业中的集群化发展有助于当地资源的有效开发利用，并且民营资本进入能源行业有助于不同类型资本之间的竞争，推动企业治理结构的优化，推进产业的升级发展。浙江民间资本主要集中在石油和煤炭两大常规能源领域。由于能源产业具有前期投入大、运营成本高的特点，民间资本除了自身的投入外，应该调动多种融资方式，包括获取银行贷款、吸引产业投资基金、争取政府投资等途径，形成以浙江民间资本集群和其他资本共生的资本体系。对于浙江资本在能源行业遇到的政策风险和环境问题，政府应该破除垄断，加强监管，支持浙江民间资本集群在能源行业的规范化运作。

4. 依托新兴产业的资本集群式发展路径。

已经有一部分大型民营资本开始投资新兴产业，包括正泰集团的太阳能薄膜电池、吉利为代表生产的电动汽车、万向为代表的车用电池等技术成果。[①]但目前来看，民间资本还没有在新兴产业当中大量积聚，原因是新兴产业目前技术还没有进入成熟阶段，市场价值还没有充分开发。

政府应积极引导一些发展壮大浙江民间资本的投资方向，鼓励浙江民间资本进入以新能源开发和低碳环保为代表的新兴产业，改变追求短期利益的资本投资习惯，实现浙江民间资本集群的转型和长期发展。具体可以通过政府设立创业投资基金并按照市场化方式运作，发挥政府资金政策引导和杠杆放大作用，吸引浙江民间资本向新兴产业集聚，形成新兴产业中的浙江民间资本集群。

79

---

① 浙江民间投资热情缘何持续低迷 . 中新网，http：//www. chinanews. com. cn/cj/2010/07 – 20/2412174. shtml.

5. 依托高科技的资本集群化发展路径。

浙江省具有以浙江大学为首的多所高等院校，杭州、温州、台州等地区拥有多个高科技产业园，具有发展高新技术产业的优势，可以吸引浙江民营资本投入和扎根浙江省，形成高科技资本集群。政府应主导投资资金建设科研机构，并引导大企业的科研机构入驻科技园区，实现政府、高校、企业的合作，把杭州市发展为重要的长三角科研中心。这将会吸引新公司以及高层次人才，这些科研机构、高科技企业、高校的重点实验室又会进一步吸引技术密集型的企业集聚到科技园区，形成高技术企业集群，随着该集群的发展壮大，将会进一步吸引金融机构和中介机构。利用科技园区的先进技术、管理理念，通过溢出效应、扩散效应、示范效应，推进高科技资本集群的快速发展。

高科技产业在起步阶段，通常规模较小、发展风险较高，传统的银行资本不可能贷款给这样的高科技企业，民间资本可以补充传统融资方式的缺陷。建立高技术产业投资基金是吸收民间资本进入高科技企业有效的手段，通过高技术产业投资基金形式组织而成的民间资本集群具有灵活的投入退出机制，既保证了高技术产业项目资金的投入，也能够实现浙江民间资本规范化运作和转型升级。此外，浙江民间资本还可通过风险投资、私募、创业投资基金等多种形式对高科技产业投资。

6. 依托国际市场的资本集群化发展路径。

民间资本在海外的集群式发展有多种形式。例如浙江一些中小企业以集群式的投资方式在俄罗斯、巴西、南非、中亚等地建立专业化市场，带动了大量国内产品的出口（綦建红，2003）。韩资中小企业投资方式也值得浙江民间资本借鉴，例如，韩国投资者先后在我国青岛流亭镇投资形成资本集群，这样便于交流信息、共同开拓市场、共同与当地各类机构交涉，这是韩国中小资本常见的投资做法（范云霄，2007）。但目前浙江民间资本在国际上形成的资本集群并不多，浙江民间资本应该做好出口产品质量，做强国际市场，加强与资本间的合作和集聚，形成海外资本集群，加大浙江民间资本在海外集群式投资和发展的能力。

7. 依托基础产业、公共事业、金融行业等传统垄断行业的资本集群式发展路径。

2010年5月13日，国务院颁布了《国务院关于鼓励和引导民间投资健康发展若干意见》，进一步拓宽了民间投资的领域和范围，鼓励民间资本进入基础设施、市政工程、金融服务和其他公共服务领域。由于这些行业对资本的需求量很大，引入民间资本能够为这些行业提供充足的资金，有利于为我国这些领域的改革发展注入新鲜血液。

浙江民间资本应该探索进入这些行业的有效方式，形成浙江民间资本在基础产业、公共事业、金融行业的集群式发展。基础产业、公共事业具有投资规模大和建设周期长的特点，但是同时也具有高收益、回报稳定的优点。引入民间资本既可以加快这些垄断行业的改革步伐，同时为浙江民间资本集群转型升级寻找到回报稳定、利润率高的投资领域。金融服务业一向是民间资本投资意愿强烈的行业，民间金融已经具有了很大的规模，应该推进民间金融合法化进程，把这些民间资本从体制外循环转为体制内循环，同时也能打破金融行业的垄断局面，为中小企业和新农村建设提供资金。

四、浙江资本集群化发展的政策思考

（一）加强政府对资本集群化投资的引导

浙江很多民间资本集群都是以市场、生产要素、自然禀赋等因素主导形成的。这些资本初始阶段大部分集中在制造业，发展壮大后通常难以实现转型升级，经常在楼市、股市等非实体经济中大量聚集，形成资产泡沫，面临因资产价格变动造成损失的风险。

政府应通过各种政策和举措引导民间资本集群式投资，并通过土地、税收、贴息、补助等方面优惠政策降低民间资本投资的成本。引导民间资本持有者摒弃家族式管理方式，建立科学的治理结构和多元化的投资观念，鼓励民间资本提高自身的科技投资和技术创新能力。完善土地空间布局的规划，使资本集群进入时能够有充分合理的发展空间。

对于高技术产业，政府可以通过创办科技企业孵化中心和科技园区，保护高科技知识产权，为科技企业聚集区域提供配套服务设施，吸引民间资本进入高科技产业，形成规模，实现在高技术领域的民间资本集群式发展。

对于垄断性行业，政府应放宽对民间资本进入垄断性行业的限制，政府也应该发挥指导和引导作用，切实消除民间资本在这些领域当中的种种障碍，接触浙江民间资本的疑虑，引导民间资本以集群的形式进入基础设施、公共事业等领域进行投资，并为民间资本投资寻求有效途径，也可以通过组织有实力和有经验的大企业成立投资公司，或者通过建立创业投资基金和产业投资基金，吸引民间资本聚集到基础产业、公共事业、金融行业形成资本集群。

（二）发展多种投融资方式，促进浙江民间资本集群投资

浙江民间资本长期在体制外运作，融资方式也经常求助于民间金融。应改进民间资本融资体系和集资方式，建立健全民间资本投资机制，发展多种投资

方式和资本形式引导浙江民间资本进行集群式投资。

　　政府应该通过建立浙江风险资本投资平台，引导浙江民间投资形成合力，投向未来有发展潜力的产业。引导浙江民间资本成立创业投资基金、产业投资基金、风险投资基金，以规范和有组织的方式向某个领域进行集群式投资。建立多层次的资本市场，健全主板市场、中小企业板市场、创业板市场实现民间资本集群投资的有效退出；完善产权的场外交易市场，包括柜台交易市场、非公开权益资本市场、产权交易市场等，实现非上市资本的灵活进入和退出。发展多种投资工具，让浙江民间资本能够有多种风险收益组合的投资选择。

　　发展中小金融机构为民间资本集群式投资提供融资渠道。大量理论和实证研究表明，中小金融机构在为中小企业融资上面比大型金融机构更有效率，因为中小金融机构在获取中小企业信息方面具有更大的优势。同理，中小金融机构由于本土化，信息更为对称的特点在为浙江民间资本融资上也有较大的优势。成立资产公司、信用评估公司、担保公司等多种资本集群融资的中介机构，保证金融机构向资本集群投入的贷款能够在多层次的风险缓冲机制下获得较大的还款保障。

　　（三）建立投资主体多元化的浙江民间资本集群

　　民间资本大多依靠个人或者家族积累而成，因此形成民营企业的投资结构也是单一集中，具有强烈排他性，这并不利于企业乃至产业的扩大和发展，也大大影响了资本的集群式发展。因此，要改善民间资本在企业中的投资结构，既要加大民间资本在各个产业当中的投资力度和比重，同时也要注重资本结构的多元化发展。完善公司的治理结构，提高自主研发能力和专利项目的投入，吸引风险投资的资本。建立行业担保体系，政府担保机制，降低投资于民间资本集群的风险；完善银行贷款的风险定价机制，提高正规金融对民间资本投资的支持。改善投资环境，吸引外商投资；改善投资机制，建立投资基金，吸引个人投资者和机构投资者；形成浙江民间资本、海外资本、政府资本共生的多元化资本集群结构。发展到一定规模、具备较强实力、满足相关上市条件的浙江民间资本可以通过在主板市场、中小企业板市场、海外资本市场等场所上市，获得更广泛的投资来源。

　　（四）建立资本集群的社会化服务平台

　　建立浙江民间资本投资联盟，引导浙江资本集群以规范和有序的组织模式进行投资。

　　建设企业信用担保体系。完善的企业信用担保体系能够减少民间资本对于企业或者项目还款能力的担忧，降低民间资本集群式发展过程中的风险。政府可以适当通过财政拨款建立担保公司，通过政府担保资金撬动更大规模的民间资本投资。

完善信用体系建设。完善的信用体系有利于民间投资者获得投资对象的信誉水平，降低信息不对称，实现民间资本的有效率投资，扩大民间资本的投资规模。因此应该建立完善的民营企业信用评估体系，发展有公信力的中介评级机构。

建立民间资本投资信息服务平台。政府在收集机构、企业、公众等信息方面具有优势，政府应整合这些信息，建设包括咨询机构、中介机构、数据库、网络等在内的信息交流平台为民间资本提供投资项目的重要信息，引导浙江民间资本集群的最优化配置。

建立民间资本投资的科技创业服务平台，鼓励民间资本在高科技企业形成集群，引进科研技术高层次人才，构建研发体系，促进科研成果向生产的转化。

（五）完善促进资本集群发展的相关制度措施

加快政府部门职能转变，简化民间资本投资进入传统垄断性行业的审批手续，缩小审批范围，加快审批速度，缩短审批周期。对行政审批的条件、程序、过程和时限都作出严格的规范，保证审批的透明公正，防止暗箱操作和寻租情况的发生。减少民间资本的税收负担，保证民间资本投资受到公平的待遇。

建立有利于资本集群式发展的法律体系，加强对私有财产的保护，保证个人和企业的投资环境的稳定，确保民间资本在各类资本投资中获得公平待遇。浙江民间金融运行中存在着大量的民间资本，对于这些灰色地带运行的民间资本集群，应通过法律的界定和规范引导这些资本从"地下"转为"地上"，通过民间金融合法化的方式引导浙江民间资本集群健康发展。

制定稳定的资本集群发展政策，鼓励民间资本的集群式发展，使浙江民间资本基于稳定的预期制定长期发展策略。建立完善的区域基础设施，提高区域商务环境和生活服务水平，提高浙江民间资本集群式发展的效率。

第五章　浙江民间资本国际化发展研究

一、民间资本国际化发展的理论分析

(一) 民间资本国际化的界定

资本存在多种形态，因此民间资本的国际化可以理解为货币资本、商品资本、生产资本的国际化（中川信义，2003）。广义来看，可以理解为与民间资本相关的各类涉及国外市场、国外企业、国外资本的活动。民间资本国际化的形式广泛而且多样，包括商品的进出口、国际合资合作、国际并购和设立公司、战略联盟、国际资本市场投资、国际资本市场融资等。

根据企业国际化的阶段理论，企业国际化是渐进的过程，一般可分为五个阶段：第一阶段，国内经营阶段；第二阶段，开始对国际市场进行有意识的关注，并进行零星出口的阶段；第三阶段，通过中间商间接出口和开展小规模国际营销活动阶段；第四阶段，建立海外销售部门，向其他国家直接出口；第五阶段，海外经营，制定以全球市场为目标的企业发展战略（刘藏岩，2009；赵伟，2007）。由于资本大部分是以企业为载体的，我们也可以把资本国际化过程理解为同样的五个阶段。

资本国际化形式可以看做是双向过程（鲁桐，2000），一方面是内向型的资本国际化，包括商品和劳务的进口、购买技术专利、国内合资合营、成立外国公司的子公司或分公司、在国内与外资开办合资企业等；另一方面是外向型的资本国际化，包括商品和劳务的出口、技术转让、国外各种合同安排、国外合资合营、海外子公司和分公司海外上市、参与国际联盟、在国外融资等。

(二) 民间资本国际化发展的文献综述

1. 民间资本国际化发展的理论研究述评。

与民间资本国际化发展有关的理论研究主要包括资本国际化发展的动因、资本国际化发展的模式、影响资本国际化发展的因素等。尤宏兵（2004）把企业国际化理论分为以下三类：立足技术理论，包括小规模技术理论、技术地方化理论及技术创新产业升级理论；国际化阶段理论；国际化战略管理理论。他提出，中国民营企业受经济全球化、中国加入世界贸易组织、市场战略调整、提升竞争力需要、拓展市场等因素影响，有必要实施国际化发展；民营企业的自身优势、政府的支持等增大了企业国际化的可行性。李朝明（2007）认为企业国际化的基础理论源自于亚当·斯密的绝对成本说，大卫李嘉图的比较成本学说，以及赫克歇尔—俄林的要素禀赋论；他归纳梳理了企业国际化的渐进主义理论、网络方法理论、学习主义理论以及经营追赶模型。在此基础上，李朝明提出了"本地国际化阶段"假说，发现"合作、学习、创新一体化"是企业国际化关键因素。谢军（2007）认为企业进入国外市场的行为模式包括以下几种理论：国际化阶段模式、决策过程模型、交易费用理论、折中理论、知识观、资源观和组织能力观。而影响企业进入国外市场行为模式的因素可分为企业内部因素和外部因素。企业内部因素包括企业规模、所在产业、国外经验、技术水平等；外部因素包括企业所在国和东道国的文化差异、政府决策与管制和商业惯例等。邹刚（2007）把影响中小企业国际化的因素分为积极和消极两方面。积极因素包括企业家精神，国际市场自由化，信息、通信和交通技术发展，竞争压力等；消极因素包括缺乏创新、管理和营销技能，官僚体制，缺乏获得信息和知识有效途径，难以获得融资支持等。肖文、陈益君、林高榜（2009）认为企业国际化阶段论（PTI）和国际新冒险企业理论（INV）是分析企业国际化影响因素的主要理论，并总结出可以从以下五个层面分析企业国际化影响因素：国内外市场差异与国际化时机、企业家对国际商机的认识、国际化初期的企业资源、企业的国际化战略、企业国际化时间与绩效。刘明前（2009）总结了企业跨国投资的理论基础在于以下几个重要理论：垄断优势理论、产品国际化生命周期理论、谈判能力理论、内部化理论、国际生产折中理论、交易成本理论等。进一步分析了海外子公司建立方式选择的影响因素和海外子公司股权控制方式选择的影响因素。

2. 民间资本国际化发展的实证研究述评。

鲁桐（2000）较早地对中国企业的海外经营进行了实证研究，通过进行问卷调查和实地考察的方法获得了英国16家中资企业的详细数据并进行分析，得出了以下基本结论：中国企业海外发展仍处于初级阶段，缺乏竞争优势，国有企业改革滞后影响了企业国际化，中资企业在英国经营能够获得技术学习。鲁桐、李朝明（2003）对112家温州企业进行了问卷调查和实地访问，并采用5等级评分法分析了企业海外市场进入方式、企业海外目标市场选择、海外经营动机、为促进企业海外经营需要解决的问题、企业今后五年跨国经营发展趋势。得出结论认为中国中小制造业的国际化进程依然遵循渐进的发展模式，中国企业在国际化过程中学习、合作、创新发挥了重要的作用，间接出口和直接出口是目前温州民营企业海外经营的主要方式，在"走出去"战略中应加强政策的支持力度。李朝明（2007）采用调查问卷的方式收集了468个企业的国际化相关数据，并得出了关于企业国际化经营动机、发展规律、关键因素、发展模式、竞争优势、合作和竞争关系、资源聚集途径、多元化格局以及政策支持力度等相关结论。并通过六家国际化发展企业的案例，运用n因素蛛网模型测度了每家企业的国际化程度，多角度横向比较了影响这些企业国际化的因素。谢军（2007）采用了多元逻辑回归检验分析了企业能力三个构成因素（国外经验、人力资源和技术创新）对国际化进入模式的影响，采用多元线性回归检验分析了企业能力三个构成因素（国外经验、人力资源和技术创新）对国外销售额和国外市场销售增长率的影响。研究结果证明企业能力对国际化行为模式和国际化绩效都有重要影响。邹刚（2007）构建了组织文化、经营战略和国际化绩效关系的模型，通过问卷调查、统计分析和模型验证得出了浙江中小企业组织文化、经营战略和国际化绩效的相关关系。肖文、陈益君、林高榜（2009）设计了影响国际化的八大自变量，根据江浙地区39家民营企业的问卷数据进行的计量分析表明：企业家的经验、企业创建时间和竞争战略对国际化具有较大的影响。刘明前（2009）采用二项Logistic方法分析了我国企业建立海外子公司选择的倾向性。对于文化距离较大的东道国，我国企业倾向选择跨国收购的方式；东道国经营风险较高，我国企业在该国开展跨国收购的可能性则较小；东道国对外国投资者的态度、国内企业的技术水平、品牌影响力对企业建立海外子公司的选择方式没有显著的影响；央企倾向于采用跨国收购的方式开展国际化经营；资源性产业也倾向于通过收购企业股权的方式以突破东道国市场的壁垒。

3. 民间资本国际化发展的路径与策略研究述评。

大部分的民间资本国际化研究主要集中在对于国际化发展路径和策略的研究。尤宏兵（2004）把中国民营企业国际化路径分为内向型国际化和外向型国际化，内向型国际化策略包括进口引进技术，在国外与外商举办合资、合作企业，与外国公司在国内建立战略联盟；外向型国际化策略包括出口、对外直接投资、海外创业板上市；提出了应该培育中国企业国际化竞争力，建立中国企业国际化的外部政策保障。邹刚（2007）认为提升中小企业国际化发展能力需重视国际性组织文化的培育和发挥、国际经营战略的制定和实施、非财务绩效目标的实现。王荣伟（2007）提出民营企业"走出去"应从以下几个方面努力：突破民营企业对外投资的制度约束，构建民营企业对外投资的外部支持体系，加强民营企业自身的国际化能力。陈厚丞（2007）提出应在政策上支持中国民营企业对外直接投资，发展金融服务体系，完善投资管理体制，建立完善投资管理法律，增强政府服务功能；中国民营企业应该制定对外投资的组织战略、区位选择战略、技术创新战略、品牌战略、人才培养战略等。杨明华、易志高（2007）提出南京民营企业应选择适合自身的国际化战略，通过跨国并购战略、混合品牌战略、海外融资战略等提高企业的国际化程度和国际竞争力。李朝明（2007）提出了中国民营企业国际化发展的策略在于：提高自身条件，采取恰当的经营方式，建立学习型组织，建立国际化的企业文化，最终发展为跨国公司。肖文、陈益君、林高榜（2009）强调了教育、国际化经验、国际化战略选择在国际化发展中的重要性。何守超（2010）构建了民营企业的转型模式，包括要引进国外的管理、技术、品牌，以集群为国际化发展载体，提高加工贸易比重，加强创新，促进品牌的国际化运作，向国际新兴经济体扩展市场等。

（三）民间资本国际化发展的动力机制

1. 规模经济。

民间资本国际化能够实现更广范围内的生产专业化和分工，缩短生产地与销售地的距离。一些新兴发展中国家劳动力成本大大低于我国，把生产链条延伸到这些国家能够有效利用这些国家的低成本劳动力资源。民间资本在国际化过程中，通过并购发达国家的企业，获取技术、品牌、管理方式等民间资本缺乏的重要经营管理资源，并进一步促进民间资本的转型升级。通过以上途径能够降低民间资本的生产成本、运输成本、交易成本、管理成本等，最终实现规模经济。

2. 比较优势。

中国民间资本的产品与国外生产相比具有以下几个重要的比较优势：首先是成本低，我国的劳动力、原材料、能源、水电煤气、交通运输等成本相对于发达国家而言都比较低；其次是速度，大部分轻工业产品对于中国的民间资本而言都能够在短时间内满足大规模的生产订单要求；再次是质量好（李朝明，2007），我国的民营资本经过数十年的发展，已经积累了较好的工艺能力以及熟练的制造业工人，这就是为什么很多外商在中国制造业成本上升后仍然选择在我国民间企业制造商品，而不去劳动力更廉价的其他新兴经济体。因此，我国的民间资本的产品往往能够迅速打入国际市场，获取国际市场份额。

87

3. 多元化经营。

民间资本通过国际化把资产和经营扩展到更大的范围和区域，这有利于分散民间资本的经营风险，获得更高的经营利润。同时，在国际化的经营中，民间资本可以摆脱技术含量低，缺乏自主品牌，低成本恶性竞争的经营方式。通过在国际化发展中寻求与国外企业合作，与国外的技术、设备和工艺进行结合和改进，增强创新能力，寻求新的发展机会和发展空间，实现民间资本的多元化经营和发展。

4. 开拓国际市场。

在海外建立专业市场能够获得更大的海外市场，实现民间资本的规模经济效应，规避贸易壁垒，提高民间资本在海外的影响力。相当一部分民间资本在国内依然维持低价格的生产策略，因此在国内面临着竞争加剧、产能过剩、竞争优势下降等压力，这些民间资本迫切需要开辟国际市场，寻找海外发展空间。

5. 规避贸易壁垒。

海外设立公司或者建厂能够有效规避贸易壁垒和反倾销政策，成功打入当地市场。比如，鑫磊公司在意大利建厂就成功规避了反倾销壁垒，越美集团在尼日利亚建厂也是绕过了当地禁止纺织面料进口的政策。[①] 境外投资建厂也适用于某些发达国家，在发达国家制造的产品有利于提高产品的附加值。同样的产品，国外制造往往比国内制造的出口价高数倍。

（四）民间资本国际化发展的风险

1. 政治风险。

政治风险是宗教纠纷、恐怖主义、政权更替等政治事件导致民间资本国际化发展不能正常进行甚至遭遇经济损失的风险。我国民间资本的技术水平、发展阶段、管理方式与发展中国家更能形成产业的梯度转移关系，发展中国家也更需要外来投资解决本国的就业，并进一步提升产业发展水平。但是发展中国家往往更容易出现政治不稳定因素，政治风险相对较高。例如，2005 年 2 月，俄罗斯查封了莫斯科艾米拉市场的中国商人货物，福建晋江多家企业遭受了较大的损失（黄朴，2005）。发达国家的政局较为稳定，但这些国家更倾向于保护本国企业的既得利益，这些利益集团会对发达国家政府施加政治压力，政府往往会采取关税壁垒措施和反倾销起诉等手段对我国民间资本的进入加以抵制。另外国家之间的贸易争端也会使民间资本国际化容易受到国家之间报复行

---

① 浙江企业"八仙过海"破解外贸困局. 经济参考报，2008 – 08 – 25. http：//city. finance. sina. com. cn/city/2008 – 08 – 25/103855. html.

动的影响。

2. 经营管理风险。

由于信息闭塞、缺乏专业的评估、判断能力有限，导致民间资本国际化存在一定的盲目性。我国企业在海外并购、收购当中，失败的案例占据了相当大的比重。[①] 我国民间资本还没有完全建立市场化的现代企业制度，管理能力、管理方法、企业文化等与国外企业格格不入。某些民间资本对于国外劳动权益了解不够，对工会的影响力也估计不足，还试图沿用国内的延长工时、压低工资、增加劳动强度等管理方法，缺乏对职工的人性化尊重，导致与东道国本地工人之间矛盾加深，引发罢工事件，甚至遭遇强烈的抵制。某些民间资本缺乏长期的国际化发展战略，在国外的经营目标和经营行为常常具有短期性，容易引起当地政府和民众的反感，激发东道国民众的民族主义情绪，大大加剧了民间资本国际化发展经营管理风险。

3. 法律政策风险。

法律政策风险是指民间资本国际化发展过程中，东道国法律政策制度不健全或者我国民间资本对东道国法律政策制度了解不足导致发生损失的可能性。一些发达国家的法律制度体系相当健全，对于违法违规行为将会处以高额罚款并采取严格的惩戒措施，例如环保法律、知识产权法律、劳工法律等。我国民间资本在继续沿用国内有些做法时就可能会无意中触犯国外的法律，导致付出高昂的代价。另外，很多国家对于海外投资可能会有诸多的限制，例如对财产使用权的限制，对于知识产权转让的限制，这使我国民间资本不得不花费大笔的法律费用和其他费用，导致我国民间资本国际化发展陷入进退两难的境地。

4. 汇率风险。

汇率风险是指由于人民币汇率的波动导致民间资本国际化经营出现损失的风险。汇率风险分为交易风险、折算风险和经济风险。人民币汇率自2005年7月改革至今，其间经历了较大程度的升值，而我国民间资本普遍没有建立起外汇风险管理体制，因此人民币汇率升值对民间资本的国际化发展也产生了较大的影响。

二、浙江民间资本国际化发展的历程与现状分析

近年来，浙江省经济发展的外向型特征明显。从表5-1可以看出，浙江

---

① 根据知名咨询机构埃森哲对中国企业2008年1月至2010年6月海外并购的统计，这段期间的海外并购案例涉及金额超过6000亿元人民币，而这其中可能有一半以上的并购最终失败（王卓铭、冯书琴，2011）。

省进出口商品总值在 20 世纪 90 年代初规模为 49.86 亿美元，并呈现出快速增长的趋势，到了 2011 年，已经达到了 3514.3 亿美元。进出口商品总值占地区生产总值比重也从 1992 年的 20.14% 上升到了 2011 年的 70.96%。可见，进出口贸易在浙江经济中占有非常重要的地位，并且重要性在逐渐上升。从表 5-2 可以看出，在 1992 年，浙江省实际利用外商直接投资额只有 2.94 亿美元左右，到了 2011 年，已经达到了 110 亿美元，增加到 1992 年的 34 倍左右。浙江的对外直接投资额从 1992 年的 741 万美元上升为 2011 年的 33.5 亿美元。根据从精讯数据网获取的数据，在各个省、自治区、直辖市中，浙江 2004 年对外直接投资排名第三，2005 年排名第二，2006 年排名第四，2007 年排名第二，2011 年居全国第一。说明浙江省的对外直接投资规模在国内各个省、自治区、直辖市中处于前列，但是相比浙江省进出口规模，浙江省对外直接投资规模则相去甚远。

表 5-1 　　　　　　浙江进出口商品总值及其占地区生产总值的比重

年份	出口商品总值（亿美元）	进口商品总值（亿美元）	进出口商品总值（亿美元）	地区生产总值（亿元）	进出口商品总值占地区生产总值比重
1993	48.6071	31.1767	79.7838	1909.49	24.08%
1994	64.8205	33.0407	97.8612	2666.86	31.63%
1995	82.7893	44.5442	127.3335	3524.79	30.17%
1996	86.6146	57.66	144.2746	4146.06	28.94%
1997	107.4428	55.0682	162.511	4638.24	29.05%
1998	116.0203	51.4436	167.4639	4987.50	27.80%
1999	136.5375	66.086	202.6235	5364.89	31.27%
2000	204.8214	110.3956	315.217	6036.34	43.23%
2001	242.611	126.5327	369.1437	6748.15	45.28%
2002	315.6471	147.9011	463.5482	7796.00	49.21%
2003	443.851	219.3298	663.1808	9395.00	58.43%
2004	611.5262	335.0658	946.592	11243.00	69.69%
2005	815.5104	422.5953	1238.105671	13437.85	75.50%
2006	1075.968	524.7861	1600.75424	15718.47	81.21%
2007	1369.62	622.3709	1991.99123	18753.73	80.80%
2008	1680.483	763.5902	2444.07345	21462.69	79.12%
2009	1476.738	630.3797	2107.1173	22990.35	62.61%
2010	2009.436	863.0644	2872.5008	27722.31	70.15%
2011	2390.3	1124	3514.3	32000.10	70.96%

资料来源：货物和服务净出口数据来自于《新中国六十年统计资料汇编》和相关年度《浙江统计年鉴》，中国对外直接投资额数据来自于精讯数据网（http://www.bjinfobank.com/），浙江地区生产总值数据来自于同花顺 ifund 数据库。

90

表5-2　浙江实际利用外资额和对外直接投资额及其占地区生产总值的比重

年份	实际利用外商直接投资额（万美元）	对外直接投资额（万美元）	地区生产总值（亿元）	实际利用外商直接投资额占地区生产总值比重	对外直接投资额占地区生产总值比重
1992	29398	741	1365	1.19%	0.03%
1993	103271	556	1909.49	3.09%	0.02%
1994	114449	690	2666.86	3.67%	0.02%
1995	125775	1217	3524.79	2.95%	0.03%
1996	152021	1866	4146.06	3.02%	0.04%
1997	150345	1477	4638.24	2.66%	0.03%
1998	131802	1212	4987.50	2.16%	0.02%
1999	153262	697	5364.89	2.33%	0.01%
2000	161266	1514	6036.34	2.17%	0.02%
2001	221162	3351	6748.15	2.65%	0.04%
2002	316002	5132	7796.00	3.27%	0.05%
2003	544936	8513	9395.00	4.65%	0.07%
2004	668128	15385	11243.00	4.75%	0.11%
2005	772271	18391	13437.85	4.71%	0.11%
2006	888935	19165	15718.47	4.50%	0.10%
2007	1036576	45898	18753.73	4.20%	0.19%
2008	1007294	50558	21462.69	3.26%	0.16%
2009	994000	78207	22990.35	2.97%	0.23%
2010	1100000	335000	27722.31	2.68%	0.81%

资料来源：实际利用外商直接投资额和对外直接投资额数据来自于精讯数据库（http://www.bjinfobank.com/），浙江地区生产总值数据来自于中经网。

在浙江经济国际化发展对浙江经济的贡献中，浙江民间资本起到了不可忽视的作用。浙江民间资本国际化在20世纪90年代初开始起步，最初的动因是依靠浙江民间资本持有者的企业家精神，当时浙江很多企业的生产处于供大于求的状态，促使企业家们开拓产品的海外市场，温州皮鞋、海宁皮革制品等浙江各个区域的劳动密集型特色产品开始在中俄、中哈、中蒙、中越等边境展开贸易。这些市场拉动了更多企业通过集群的方式在国外市场发展，形成中东的阿联酋、非洲的尼日利亚等地区的浙江商人和浙江商品市场（邹刚，2007）。

同时，浙江民间资本的低成本优势吸引各大跨国企业在浙江发展 OEM①。但这一阶段民营资本在进出口经营权和商品出口配额方面仍然受到一定的限制。

从 20 世纪末开始，由于中央推出"走出去"政策，放松对民营企业外贸进出口经营权的限制。浙江从事进出口贸易的民间资本数量和规模猛增。根据张俊修、金余会（2008）的研究，在 1999 年浙江省只有 336 家民营企业有进出口自营权，到了 2006 年底，浙江省民营企业有进出口自营权的已经达到 25331 家。民营企业在外贸出口总额当中的比重也在逐渐上升，从 2000 年的 33.6% 上升到了 2007 年的 48.24%。从进出口结构来看，很多企业都从 OEM 转向了 ODM 以及自主品牌产品的出口。但是 OEM 仍然是中小民间资本国际化发展的主要模式，至今仍具有较强的生命力。

在 20 世纪 90 年代初，浙江民间资本国际化主要是以劳动密集型产品的出口为主；经过 20 年左右的发展，浙江民间资本国际化形式开始出现多样化特征，已经在对外直接投资、战略合作、海外上市等领域呈现多元化发展。

民间资本的对外直接投资的规模增长迅速，并且民间资本对外直接投资形式也呈现出多元化发展趋势。目前对外直接投资形式以境外设立贸易公司和办事处为主，并且向境外加工型企业、境外资源开发、境外营销网络、房地产开发和设立研发机构等方向发展（吴海娟，2008）。尽管民间资本对外直接投资额规模比进出口规模低得多，但是民间资本对外投资占浙江对外直接投资总额的比重在不断上升，从 1999 年的 8.13% 上升到 2011 年的 90% 左右。可见，随着浙江民间资本经营水平的不断提高，浙江企业凭借成本、要素、经营等方面的优势和国外知名企业开展战略合作，共同开发国际市场。

总的来看，浙江民间资本的国际化仍然处于以贸易为主的初级阶段，民间资本在国外的投资和并购还处于探索阶段，多数民间资本的国际化形式仍然没有大规模开展，浙江民间资本的国际化还有很大的提高空间。

三、浙江民间资本国际化发展的优势与制约因素

（一）优势

1. 成本优势。

浙江民间资本出口的产品最大优势在于成本低，经过多年的积累，浙江民间资本的生产达到了规模经济，浙江民间资本的生产工人技术熟练，生产产品

---

① OEM（Original Equipment Manufacture），即原始设备制造商。指生产者不直接生产产品，而是利用自己掌握的"关键核心技术"，负责设计和开发，控制销售渠道，具体的加工任务交给别的企业去做的方式。

相对而言价格质量较好，性价比较高。成本优势是温州、义乌、永康、台州等民间资本集群在国际上多年保持市场占有率的重要原因。

2. 规模优势。

浙江民间资本制造出的产品款式较多，制造规模大，而且能够迅速跟踪市场热点。例如，在 2010 年南非世界杯期间，浙江民间资本根据世界杯的需求，制造出球迷服装、国旗、吉祥物、座椅、球迷围巾、球迷假发、呜呜祖拉，很多产品订单都是世界杯赛程前几天接到的，有些甚至是在赛程当中追加的，只有浙江才有这样的产能和技术在短短时间内制造出如此巨量的商品。

3. 集群优势。

浙江民间资本通常在区域内会形成集群，体现出"小资本、大生产、大市场"的特点。集群内部的企业相互学习、共享信息，实现分工协作，在生产上能够达到规模经济，在开拓国际化市场时具有优势，并且通常浙江民间资本集群还会开拓国外专业市场，扩展产品的销售平台。

4. 管理优势。

浙江民间资本采取家族式管理模式的居多，内部管理层级较少，对于市场信息反馈快，决策迅速，能够适应市场的多样化需求，也能迅速与大资本形成互补，通过分工合作找到自身的生存空间。但是在国际化发展中，民间资本如果不能克服家族式管理的种种弊端，这种优势有可能转化为国际化发展中的障碍。

5. 学习优势。

浙江民间资本是典型的快速跟随者和模仿者，一旦有了获利机会，往往能快速学习周围或者目标企业的技术和生产方式，充分利用资源和要素组织生产，迅速满足当地的市场要求。因此，浙江民间资本在进入国际化市场后能够发挥模仿和学习的优势，并且进行持续的创新发展，将会具有成为跨国集团的潜力。

6. 企业家优势。

浙江民间资本持有者多为企业家，浙江企业家向来具有开拓创新精神，哪里有市场哪里就有浙江资本的身影。浙江民间资本持有者并没有经受过国际化高层次的管理教育，面对的是国外完全陌生的环境，仅仅依靠开拓进取、敢打敢拼的精神。浙江民间资本积极向海外扩展，使浙江资本的国际化从无到有，在国外逐渐建立了销售渠道和市场。因此，浙江企业家精神是推动浙江民间资本国际化的基础条件。

7. 国际业务优势。

浙江省经济具有较强的外向型特征，进出口贸易、FDI、ODI 在浙江经济中占有较大比重（见表 5 - 1 和表 5 - 2），并且重要性在逐渐上升。外贸业务是浙江民间资本累积的重要来源，浙江民间资本在发展初期以至于发展壮大后，依然有大量民间资本持续从事外贸业务等相关国际业务，已经有部分民间资本开始涉足国际化的并购和海外开设分支机构等国际化领域。这说明浙江省在国际业务和国际化发展方面本身就具有了一定的基础。

（二）制约因素

1. 长期处于产业链低端层次，缺乏自有品牌。

浙江民间资本在国际市场上长期以压低产品成本和低价格获得竞争优势。这样的没有差异化和特色的廉价商品路线曾经让浙江制造占有大量市场份额。但是浙江民间资本目前面临商品输入国竞争对手的排斥，劳资关系紧张，工作环境恶劣等多种挑战（任晓，2008），急需从这样的低层次生产环节中摆脱出来。

浙江民间资本通过国际化出口的商品很多都是贴牌生产，很少创立自有品牌，以宁波市为例，2008 年宁波全市 463.26 亿美元的出口商品中，以自主品牌出口的比例不到 20%（陈光梅，2009）。这导致浙江民间资本生产的产品在市场上占有率虽然很高，但是却始终在定价上处于弱势地位，往往利润微薄，产品的出厂价只有零售价的十分之一。自有品牌的缺乏导致"廉价"成为了浙江民间资本制造在国际市场上的印象。

2. 创新能力不足。

缺乏创新能力是中小民间资本中存在的普遍问题。很多浙江民间资本长期停留在国际化的初级层次上，例如温州的皮鞋、打火机、眼镜等商品多数都是技术简单的重复加工。缺乏创新能力导致这些浙江中小民间资本始终依靠低成本劳动力获取贸易利润，没有进一步转型升级。当出现比浙江中小资本更具有劳动成本优势的其他国家和地区，比如越南、马来西亚等国家的产品现在已经比中国的产品更具有成本优势，这些浙江中小企业的国际化生存发展将会遇到瓶颈。

3. 民间资本持有者缺乏国际化经验。

浙江民间资本国际化属于自发的选择，浙江民间资本的持有者在干中学的过程逐渐积累了国际化的经验和知识，获得进出口贸易市场。但是从简单的商品贸易国际化向国际化经营或者投资转折，要求资本国际化的管理者和经营者懂外语、懂法律、懂专业，从全球战略角度拓展视野和思路。浙江中小资本的管理者和经营者通过干中学积累的经验和知识还不足以胜任投资并购、设立公司、战略联盟这些进一步国际化拓展的要求。浙江民间资本国际化亟待提高民间资本持有者综合能力，丰富国际化经验。

4. 资本规模小，难以获得有效融资。

浙江民间资本由于主要来自家庭式手工作坊的积累，因此通常规模较小。在进行国际化发展时很难超越国际化发展的初级阶段，以 OEM 和劳动密集型商品的出口为主，但是当浙江民间资本产生向更高阶段发展的需求时，合资、并购或者海外建厂这些方式都需要较大的资金规模支持，由于国内的信贷制度和资本市场环境不完善，浙江民间资本获得贷款难度较大，多数都无法通过上市或者发行债券的方式募集资金，很多中小资本在获得进出口银行贷款方面也存在一定困难，难以获得有效的融资限制了浙江民间资本从国际化的初级阶段向高级阶段发展。

5. 应对国际化风险的能力不足。

2009 年下半年的全球经济危机中，浙江省中小资本受金融危机冲击较大，出口订单大量减少，这些中小资本防范风险能力较低，面对冲击经营困难，甚至面临停产和破产风险。近年来，知识产权、劳工标准、环境保护、技术壁垒等贸易保护主义一直对浙江民间资本国际化构成障碍，浙江民间资本在这样的争端和法律诉讼中往往由于法律意识和相关知识缺失而处于劣势，遭受损失。另外，国家政策对本国的民间资本保护也有待加强。此外，人民币汇率升值压力对浙江民间资本也有较大影响，一旦人民币出现大幅度升值，有些中小企业将面临破产风险。

四、浙江民间资本国际化发展的模式和路径

（一）浙江民间资本国际化发展的模式

1. 商品国际化模式。

对于一些刚刚起步不久的中小资本而言，直接跳过国际化的初级阶段，通过境外投资、并购等方式进行国际化显然并不现实。利用自身成本较低和产能较高的比较优势，以进出口贸易的国际化为主导战略，目前是适合浙江民间中小资本的合理选择。在这个过程中，浙江民间资本应适时调整出口策略，改善出口贸易结构，减少技术含量和附加值低的廉价商品生产，增大加工贸易的比重，发展转口加工贸易，促使浙江民间资本的技术、流程、企业治理等方面快速达到国际水平（何守超，2010）。同时应制定出长期的国际化策略，自身实力增强后，可以发展国际营销网络，通过自营和代理结合的方式增大出口规模和范围。注重品牌战略，对自身产品进行差异化定位，打造独特的竞争优势，

通过自身品牌形象的塑造进一步拓展国际化市场。另一方面，也应注重商品的内向型国际化发展，重点开展服务于生产的进口贸易，进口新材料和先进设备，提高产品生产的技术含量和附加值（林俐，2008）。

2. 境内合资合作模式。

吸引外商直接投资，在境内建立合资合作机制是民间资本内生型国际化的重要方式。通过引进国际资本的管理机制、先进技术、高层次人才，可以提高浙江民间资本的管理水平、品牌意识、生产技术。与山东、江苏、福建、广东相比，浙江省在引进外资和国外技术方面明显落后。主要是由于浙江民间资本普遍规模较小，并且采用家族式管理方式，对外资的进入具有排斥性；而且浙江民间资本的产业层次较低，对于外资和技术而言也没有太多的吸引力；浙江的基础设施也无法满足外资要求，并且浙江省在政策上对吸引外资和国外技术的重视程度也不够。

浙江应该加大浙江民间资本和境外资金的整合力度，通过成立合资公司，提高产品技术水平和附加值，打开国际市场。通过建立民间资本集群的形式，吸引外资在集群内建立研发中心和设计中心，培养本土的技术人员和研发人员。同时应该增强浙江民间资本本身的创新能力和人才培养，增强对外资技术溢出的吸收能力，促进浙江民间资本和国外技术、品牌、市场的融合。

3. 境外合资合作模式。

一部分浙江民间中小规模资本已经具备一定的国际化经验，在技术、品牌和营销上已经在国外市场产生了较大影响力，需要在更高层次的海外市场上开展国际化经营和投资，但是仍然不具备直接在国外设立公司或者并购本地企业的实力，这些浙江民间资本可以通过选择合资合作的方式实现国际化发展。境外合资合作模式既能克服浙江民间资本自身实力的限制，利用合作伙伴的资源快速进入当地市场，同时可以减少由于文化差异产生的经营风险，避免贸易壁垒和当地同业竞争者的排斥行为（吴海娟，2008）。浙江民间资本与外资企业的合作关系在 20 世纪 90 年代初期已经逐步开展，通过从国外企业获取生产订单，建立产品出口的代理包销协定等活动，与国外企业形成了稳定的合作关系。浙江民间资本选择合资合作伙伴时，注意选择和自身实力、经营理念、企业文化匹配程度较高的合资合作方，以免出现双方实力不均衡或者利益不一致，最终导致合资合作失败。

4. 境外并购模式。

（1）境外并购模式是快速获取境外技术、团队和市场的有效方式。境外并购有利于浙江民间资本从劳动密集型产业向资本技术密集型产业转移，在生产链条中从制造环节向研发设计和品牌营销环节转移，提升浙江民间资本在国际分工中的地位（陈光梅，2009）。浙江民间资本在境外通过直接投资开设新公司，招募管理团队成本较高，而且浙江民间资本的技术实力与国际品牌也有很大的差距。浙江民间资本可以选择收购和兼并国外既有公司的方式实现资本的国际化。与在国外设立新公司和建设工厂相比，并购的方式能够以较快速度获得境外先进的管理团队和核心技术的最优途径，并购也能够获得本地化采购途径和产品营销优势，并且能够获得本地认同的品牌，能够迅速获得海外市场和分销渠道。

（2）境外并购案例。

案例一：万向集团海外整合收购案例分析

万向集团的国际化道路是一家乡办作坊式的小工厂发展为国际化公司的成功之路。在这个过程中，万向从一家生产农机机械的小作坊，发展成为了第一个为美国通用汽车公司提供零部件的 OEM。[①]

在 1994 年成立万向美国公司，目的是充分融合美国的本土化运作，加快国际化进程，并在此后进行了多次成功的海外并购。2000 年，万向集团收购了美国市场汽车零部件商舍勒公司，这家公司是世界上拥有万向节产品专利最多的企业，万向收购了其所有的商标、专利、技术、设备等，成为世界上万向节核心技术最强、规模最大的专业制造公司，拥有 660 多项自主知识产权；[②] 2003 年，万向集团收购美国洛克福特公司，这家公司是名副其实的"百年老店"，是翼型万向节转动轴的发明者和全球最大的一级供应商；2007 年万向集团并购美国老牌大企业 AI 公司，并由此获得了 AI 的自主采购权，这是万向集团在海外最大的收购案，标志着直接进入了全球汽车产业链的核心层。目前，万向集团在美国、英国、德国、加拿大等国家拥有 31 家公司，在美国还建立了技术中心和生产基地，已经成为浙江民间资本国际化的经典案例。

万向的收购获取了这些公司的知识产权和营销网络，使万向集团取得了汽车零部件领域的先进技术，为万向集团的产品打开了全球销售渠道。[③] 并且使万向集团从二级供应商变为一级供应商，成为中国本土少见的国际化汽车零部

---

① 万向集团．百度百科，http：//baike.baidu.com/view/442462.htm.

② 从田野走向世界．万向新闻，2010 - 04 - 09. http：//www.wanxiang.com.cn/product/wxdt_show.asp? id = 1584.

③ 万向精神．万向新闻，2010 - 01 - 10. http：//www.wanxiang.com.cn/product/wxdt_ show.asp? id = 1569.

件巨头。① 可见，成功的收购能够大大扩展在国外的市场份额，增加生产订单；掌握核心技术，提高品牌价值，实现企业资源、生产、销售等整个产业链在全球的最优配置。

案例二：浙江吉利控股集团公司收购沃尔沃案例分析

浙江吉利控股集团公司是浙江乃至国内唯一一家民营轿车生产企业，也是国内汽车行业十强之一。吉利汽车一直致力于国际化发展，已经在国外建立了多家代理商和销售服务网点。2010 年 8 月，浙江吉利控股集团有限公司（以下简称吉利集团）成功收购了沃尔沃 100% 的股权，完成了对沃尔沃集团的并购。通过对沃尔沃集团的收购，吉利集团获得了沃尔沃的生产基地、沃尔沃的品牌、沃尔沃的核心技术，通过沃尔沃开辟欧美市场，并且进一步开拓新兴国家的市场。吉利集团以后还可以通过吸收和消化沃尔沃的技术完善吉利汽车的制造。

当然，吉利的收购行为是成功的，但是在对沃尔沃企业文化进行理解，与沃尔沃原有的管理人员和员工进行磨合，维持沃尔沃品牌价值等方面，吉利集团还面临相当大的不确定性。这说明境外并购的风险不容忽视，包括法律风险、政策风险、文化差异风险等。

5. 境外投资建厂模式。

浙江民间资本可以选择在境外新设企业或者工厂的国际化发展方式。在海外新设立企业资本要求高，投资周期长，需要有一定的国际化经验，具备一定实力的大中型企业才有可能选择这种国际化方式。境外投资建厂模式的最大优点是有完全的自主权，可以根据自身的发展策略决定企业生产经营和管理模式。

一些欠发达国家有劳动力成本优势，为了拉动本国经济，这样的地区往往还有优惠政策。浙江民间资本发展壮大后可以通过在这些地区投资建厂，把生产加工基地转移到这些生产成本更低的欠发达国家，再把这些地区生产的产品出口到国外市场。

6. 融资国际化模式。

融资国际化的最主要形式就是浙江民间资本的境外上市。截至 2012 年底，浙江境内实现境外上市的企业总计约有 49 家，上市地点主要集中在香港、新加坡等亚洲证券交易所。其中民营企业居多，而且民营企业基本以间接模式为

---

① 万向收购福特零部件业务整合或存风险. 财经时报，2007 - 04 - 16. http：//auto. sohu. com/ 20070416/n249457615. shtml.

主（李云峰，2009）。浙江民间资本发展到一定阶段，可以通过海外创业板上市的方式获得国际化融资。海外创业板市场对于浙江资本而言有以下几个优点，海外创业板上市对于股本和盈利要求较低；手续简单，只要符合要求就可以上市，因此海外上市时间短且成功率高，通常符合条件的公司都能在一年以内挂牌上市（王静，2009）。海外上市有利于提高浙江民间资本的知名度和品牌形象，有利于引进国际战略投资者。在海外资本市场成熟的投资机制下，改善公司治理结构，引进高层次人才，提高公司价值。但是浙江民间资本通过海外上市的融资方式也不能过于盲目，国外资本市场对于上市公司信息披露、法律、会计方面要求较高，上市费用远远高于国内，对于规模较小的民间资本而言，要充分权衡上市成本和融资额之间的关系。

（二）浙江民间资本国际化发展的路径

1. 国际化发展的行业选择。

浙江民间资本国际化可以重点选择以下类型的行业：制造加工业、高新技术行业、资源类行业。

（1）浙江民间资本通过长期的积累，已经在纺织、服装、小商品、机械等多种制造加工行业累积了成熟的技术和经营经验。但是，目前这些行业在浙江出现竞争过度、产能过剩、环境污染等多种问题（胡彦涛，2009）。通过把这些在生产和经营有比较优势的行业转移到境外，能够充分降低生产成本，享受比国内更优惠的土地、税收、利息等政策条件，缓解这些行业在国内遇到的瓶颈，持续发挥浙江民间资本的比较优势。而这些比较优势行业是浙江民间资本在今后较长时间内国际化发展的现实选择。

（2）对于有一定自主研发能力的浙江民间资本，可以考虑把资金投向高新技术行业，通过并购或者合资合作的形式，学习发达国家高新技术行业的技术开发经验和管理方式，提高自己的研发能力，吸收发达国家的技术开发成果，争取在国外以直接、合资合作、并购的方式设立研发机构，与发达国家的一流企业开展技术合作和研发活动，根据当地需要开发新产品（陈厚丞，2007），还能够聘用当地一流的科研人才为企业开发新技术。

（3）中国是人均自然资源拥有量较少的国家，而浙江省在国内各个省份中属于资源匮乏型的省份。投资资源类行业有助于以较低成本获得资源供应，可以通过合资合作形式和资源丰富的国家共同开采铁、铜、铬等矿产资源，开发水、石油、森林等自然资源。

2. 国际化发展的区域选择。

不同类型的浙江民间资本在国际化区域的选择上应采取不同的策略。

99

（1）对于规模较小，处于国际化发展初期的浙江民间资本，应该采取由近到远，从发展中国家到发达国家的渐进式国际化形式。

可以优先选择区域和我国相邻、开放程度高、文化相近、华人华侨聚居度高的区域（陈厚丞，2007），浙江民间资本对这些地区相对熟悉，也有一定在这些地区进出口贸易的经验，尤其是港澳地区、越南、泰国、新加坡、马来西亚、韩国等亚洲国家和地区。可以通过在这些地区建立销售代理机构或者由大资本牵头建立境外专业市场、中小资本集群式进驻的方式开展国际化业务。对于发展水平落后于浙江地区的一些国家和地区，根据资源互补理论、产业梯度转移理论，在这些地区的投资具有较强的可持续性。

（2）对于已经有一定规模和国际化经验的浙江民间资本，可以采取发展中国家和发达国家兼顾的国际化区域策略。

浙江民间资本可以在一些劳动力成本较低的发展中国家和地区建立境外加工型企业，降低生产的劳动力成本。很多亚洲国家在产业结构上和浙江民间资本有相似性和承接性，以劳动密集型产业居多，在这些地区投资建厂有利于降低生产成本，开辟新的销售市场。而一些非洲和拉丁美洲的发展中国家具有丰富的自然资源，包括石油、森林、矿产等浙江相对贫乏的重要资源。这些国家的资源和劳动力优势与浙江民间资本的企业家才能形成互补，这些国家通常对外资也都抱着欢迎的态度，在土地和税收政策上也会给予较大的优惠。但是开发自然资源的资本要求通常较高，并且国家对于自然资源的开发也会有一定的限制，浙江民间资本可以在这些地区采取合资合作的方式进行开发，既能够充分利用这些自然资源，又能够分担经营风险。

拥有先进管理水平和高新技术的发达国家，竞争激烈，而浙江民间资本在管理水平、产品技术、品牌知名度等各个方面都不具有优势。但是发达国家的市场容量较大，投资环境良好，通过在发达国家投资能够获得浙江民间资本转型升级急需的高端技术、管理模式、先进设备。浙江民间资本的资本投资可以采取并购策略，并购对象可以主要集中在有优质的品牌和技术研发能力，但是面临经营困难的企业，比如上文提到的万向集团收购美国汽车配件公司案例和吉利收购沃尔沃案例。在国家和地区的选择上，可以重点选择美国、日本、德国、加拿大、澳大利亚、法国等拥有这些优质要素的发达国家。

3. 国际化发展的组织策略。

浙江省很多资本都是通过家庭式的手工作坊积累而成的，具有规模小、组织零散的特点。这样的中小资本单独进行国际化拓展难免势单力薄，风险较高。而集群式发展则是浙江中小资本在国际化之初的合理组织形式。浙江民间资本已经通过集群式的国际化方式获得了一定的竞争优势。浙江民间资本通过集群式发展克服了自身规模较小的缺点，以集群为组织形式，通过以鞋、打火机、领带、纽扣为代表的小商品大规模出口在国外获得了较大的市场占有率。浙江民间资本中小资本可以采取集群式的国际化方式。通过集群式发展，中小资本经过竞争和整合的过程，能够形成区域性的行业品牌，拓展销售网络，共享资源，分工协作，建立竞争优势。

专业市场国际化是集群式发展的一种重要组织形式，专业市场促进中小资本以集群形式出口商品。专业市场可以建立在国内商品生产企业集聚的地区，也可以建立在国外产品销售集中的地区。国内典型的专业市场是义乌国际商贸城，义乌国际商贸城吸引了大量国际买家来义乌采购，使浙江民间资本以集群的方式越过中间环节销往国外商品。目前的义乌已经成为了世界最大的小商品市场，商品出口已经辐射到 180 多个国家和地区。浙江资本也已经在国外开辟出了多个专业市场，专业市场的建立有效减少了商品销售的中间环节，为浙江民间资本的国际化销售提供了依托的平台，提高了浙江民间资本商品在国际市场的影响力。

通过有实力的大企业牵头建立境外经贸合作区，带动其他中小资本到境外投资也是集群式发展的另外一种组织形式（吴海娟，2008）。目前浙江省已经拥有多个境外合作区，包括华立集团在泰国建立的罗勇工业区，康奈皮鞋在俄罗斯乌苏里斯克投资建立的中俄经贸合作区，诸暨的越美集团在尼日利亚建立的工业区等。以越美集团建立的尼日利亚工业区为例，该工业区是我国第一个境外纺织工业区，目前已经引入多个浙江民营纺织企业入驻，并且园区为这些企业提供从清关到园区管理的全套服务，形成了从纺纱到成品服装的完整产业链。[1]

101

4. 国际化发展的品牌策略。

浙江民间资本应该尽快制定国际化的品牌发展战略，浙江民间资本的品牌发展应该遵循从贴牌到自有品牌的渐进模式，贴牌时也要和知名跨国企业合作，学习营销和技术手段，同时提高自身生产技术水平，适时在一些市场潜力较大的地区推出自有品牌，同时也要兼顾一些成熟市场上的 OEM，当自由品牌的产品已经在海外市场具有一定的影响力和知名度后，向竞争较为激烈的市场进一步扩大品牌的宣传，最终开展自有品牌的全球战略布局。

浙江民间资本要对自有品牌进行合理定位。品牌设定既要结合国际流行趋

---

① 越美集团的国际化之路. 2010 - 02 - 05. http://news.brandcn.com/hypp/fz/201002/225547.html.

势，也要结合浙江本土的传统文化，同时还要考虑东道国的传统文化习俗，这三者相融合可以获得更高的国际市场接受度。此外，品牌还应该融合社会责任、普世价值、人文关怀甚至低碳环保等元素，这些都是获得国际消费者广泛认同的重要因素。

浙江民间资本应制定自有品牌的市场营销策略，大力开展浙江民间资本自有品牌的宣传和推广。把自有品牌作为一个综合的整体看待，把企业的创新能力、企业文化、营销理念等整合到品牌的营销和宣传当中（田剑英，2009）。同时应注重品牌形象的维护，通过技术创新、产品创新等方式不断提高品牌价值。

5. 国际化发展的转型升级策略。

尽管浙江民间资本国际化规模在不断扩大，但是依靠加工制造业低成本来开拓市场的国际化优势已经越来越小，竞争越来越激烈，浙江民间资本国际化亟待转型升级。在经过最初国际化的模仿阶段后，应该通过干中学积累的经验和资本进一步加强自主创新能力，改变仅仅靠价格优势开辟国际化市场的思路，建立全球化采购、全球化销售、全球化生产、全球化研发国际化发展理念（尤宏兵，2004），从多方面转变传统的运行方式，提高浙江民间资本国际化的核心竞争力。

（1）制定全球化营销策略。浙江民间资本的产品在全球的形象还停留在低价品的层次上，应制订国际化营销策略，尽快树立浙江民间资本的品牌形象。利用各类宣传方式，通过传统媒体进行宣传，运用网络和电子等新型的传播手段，组团参加各类大型国际产品展会，扩展浙江民间资本的国际上知名度。同时，结合优良的产品质量和差别化的产品特色，令消费者感觉到浙江民间资本产品的价值。通过各个层面的营销手段提高浙江民间资本的品牌形象和档次。

（2）建立国际化的企业治理结构。浙江资本国际化发展过程中应该建立符合国际惯例的现代企业治理结构。浙江民间资本在发展初期多采用家族式的管理方式，这种管理方式影响了浙江民间资本的国际化发展。应该聘用真正具有管理能力的人才担任企业管理者。多元化发展民间资本投资结构，改善企业法人治理，有利于民间资本国际化后在境外进行有效的企业管理。建立科学的激励约束机制，把浙江民间资本国际化中的利益最大化目标和企业员工个人价值的实现结合起来，激发企业员工积极性，使企业人员最大化发挥自身潜力。

（3）营造符合浙江民间资本特点的企业文化。浙江民间资本在不同国家分公司或者投资建厂时需要招聘本地员工，文化背景和语言差异容易导致管理者与员工之间沟通交流存在一定障碍。恰当的企业文化能够增强员工对企业管理的认同感和凝聚力，有利于国际化的顺利推进。

（4）增大研发和技术投入，提高浙江民间资本的自主研发能力。规模较大的浙江民间资本可以采用设立研发中心、聘请高水平科研人员等方式，增强产品的开发设计能力。独立研发能力较弱的中小资本可以通过委托研究机构研发、联合高校科研机构合作研发等方式加快技术的升级速度，满足市场对产品不断更新的需求。把浙江民间资本国际化的成本优势转为技术创新优势。通过提高研发和技术水平，使浙江民间资本从贴牌生产转为委托生产以及自有品牌营销，提高浙江民间资本在国际产业价值链的层次水平。

（5）引入和培养国际化人才。在浙江，大部分国际化人才主要集中在金融机构和大型国有企业，而浙江民间资本中的高素质复合型人才较为短缺。浙江民间资本应该重点聘用有海外教育背景和海外工作经验的高学历人才，在国际化过程中发挥骨干作用，另外应该从实力雄厚的高校聘请国际贸易、国际商务、市场营销、法律、外语专业的优秀毕业生（王荣伟，2007），这些高素质人才将会在浙江民间资本国际化中发挥重要作用。同时，注重培养内部员工接受国际化的培训，培养员工的国际化视野和国际化专业能力，使企业员工能够应对国际化过程中由于法律、文化、管理、市场等差异而出现的新问题。当浙江民间资本进入到海外投资的国际化阶段后，要实施企业员工本地化策略，尽量聘用东道国的高层次人才和经验丰富的员工，本地人更加熟悉当地的经营环境和商业规则，能够使海外投资更快地融入本地，获取当地市场份额。

（6）注重信息化平台的运用。浙江民间资本应该加强自身的信息化建设，增强网络、通信、电子等信息化平台的运用，积极开展国际电子商务。既有利于通过信息化平台了解东道国的投资环境，也有利于企业主动出击，通过各种信息化方式宣传浙江民间资本的企业和产品，扩大海外市场。

五、浙江民间资本国际化发展的政策思考

（一）发挥政府在浙江民间资本国际化中的服务功能

浙江民间资本由于受规模、经验、人员素质等方面的限制，获取海外市场和投资环境信息的能力较差。政府应该推进各种社会化服务机构和组织的建立和完善，通过海外贸易和投资信息平台、国际博览会、科研机构合作、设立专利奖项、讲座培训等多种形式，发挥政府服务浙江民间资本的作用。具体方式如下：

第一，建立服务浙江民间资本国际化的信息服务平台。与浙江民间资本相比，政府在海外设有驻外机构，有大量高层次高素质人员常驻国外，在国外信息收集上具有优势。可以收集国外投资市场状况、投资优惠政策、贸易信息，以及合资合作信息等，建立浙江民间资本跨国活动的信息化交流平台，为民间资本了解国际市场和进入国际市场提供信息服务和便利。第二，组织产品交流和项目洽谈的国际博览会和交流会，促进浙江民间资本获得更多进出口贸易机会和投资机会。第三，促进高校、研究机构、民间资本之间的合作和联系，为浙江民间资本的科技投入创造条件和环境。第四，设立包括各类专利奖项，激励民间资本自主研发创新。第五，积极组织各类讲座、学习和培训，丰富浙江民间资本国际化方面的知识，增强浙江民间资本持有者的法律意识，培养浙江民间资本持有者的国际化思维模式。第六，成立浙江民间资本海外贸易和投资的管理服务机构。加强与民间资本贸易和投资东道国政府的官方交流，保证民间资本获得该国的各项优惠政策，提高浙江民间资本国际化的效率，降低浙江民间资本在国外利益受侵害的风险。第七，组织浙江民间资本代表团去国外考察，实地了解东道国经济状况、投资环境、企业意向等重要信息。

（二）加大对浙江民间资本国际化的技术支持

对技术改造、技术创新、技术引进提供政策优惠，激励和引导民间资本提高出口产品的技术含量，提高浙江民间资本产品在国际产业链上的层次。

目前国家资金在科研投入上主要还是集中在高校以及国有企业，民间资本的技术创新资金严重不足。应加强对浙江民间资本自主研发的财政投入。同时，通过多种方式为浙江民间资本技术创新提供指导和服务。具体如下：第一，选派专家和技术人员为浙江民间资本的技术创新提供指导。第二，通过各种措施鼓励浙江民间资本和高校以及政府科研机构合作进行科研和技术开发。第三，促进在海外工业园区建立科研机构或者技术中心，为海外民间资本集群提供技术支持。第四，注重保护民间资本创新产品的知识产权。

（三）拓展浙江民间资本国际化的融资渠道

受规模限制，浙江民间资本国际化发展很难从投资的东道国获得融资。浙江各级政府应促进浙江民间资本国际化多种融资渠道的发展，建立中小民间金融机构，为浙江民间资本提供融资服务。

首先，引导银行扩大对浙江民间资本国际化的贷款力度。发展中小民营金融机构为浙江民间资本提供金融服务。鼓励金融机构进行各种贷款品种创新，如出口退税质押贷款、应收账款质押贷款等。

其次，完善国内主板、中小板、创业板等上市途径，允许符合条件的浙江民间资本以发行债券的方式为国际化发展筹集资金，拓展浙江民间资本国际化发展的直接融资渠道。发展专门针对民间资本国际化的风险投资基金、创业投资基金等股权融资基金，为浙江民间资本国际化的不同阶段提供对应的融资渠道。

再次，完善民间资本信用担保体系，设立国际化企业融资担保基金，建立民间资本信用评级机构和信用评级制度，为民间资本融资创造良好条件。发展贷款保证基金和民间资本互助基金。

最后，借助境外资本市场，为浙江民间资本在境外融资提供咨询、辅导、培训等一系列服务，积极为其境外上市创造条件。

（四）完善浙江民间资本国际化的法律机制

目前我国涉及对外投资的相关政策和条文较为零散，部门权属也较为分散，还没有建立统一的、权威的、有效的法律来规范企业的境外投资活动。而且这些规范性文件在贯彻执行中权责不清，影响了民间资本海外发展的积极性。应该借鉴国外经验，制定境外投资的基本法，并以此为核心制定相关单项法律（陈厚丞，2007）。通过法律法规的制定给予民间资本国际化规范化发展更大的自由空间和范围，营造公平的国际化竞争环境。尽管目前民间资本在国外的投资活动规模并不大，但是已经呈现出快速增加的发展趋势，要尽快通过更加明确的法律规定对兼并、收购、境外投资设立分公司、开设新工厂、海外上市等更高阶段的民间资本国际化行为加以规范。

此外，还应该完善规范民间投资的法律法规，使之与国际贸易和国际投资惯例与规则接轨，确保浙江民间资本海外投资时按照国际惯例和通用准则行事，同时也保护了国内投资者的经济安全和经济利益，降低民间资本国际化面临的风险。

（五）制定促进浙江民间资本国际化发展的政策措施

对符合国家产业规划和对外发展战略的民间资本国际化给予税收优惠和财政补贴。对有利于浙江经济转型升级的国际化民间资本产业加大出口退税力度，对于民间资本进口的先进设备和高新技术，给予贴息支持；降低民间资本国际化过程中的各类行政性收费。通过财政政策对浙江资本国际化产业调整和产业结构升级起到引导作用。

浙江各级政府应该完善人才引进政策，在住房、子女入学、科研经费、安家补助等方面给予优惠和资助，吸引国际化高级人才向浙江集聚，为浙江民间资本国际化提供人才支持。

引导民间资本增强风险管理能力，扩大民间资本国际化相关保险范围和保险品种，保持人民币汇率在长期合理均衡水平上的基本稳定，减少企业面临的汇率风险。对于国际市场、国际行业的信息，政府相关部门应该及时评估和出具风险报告，保证对民间资本国际化发展中可能面临的风险进行及时和有效的提示。争取与更多的国家签订互利投资合作的贸易和投资保护协定，使民间资本在面临国际化风险时获得更大的法律保障。

第六章 浙江民间资本
兼并重组与流动研究

一、浙江民间资本"小而散"的缺陷

浙江民间资本对解决民营企业融资困境和促进当地经济发展起到了积极作用，在自身投资经营中取得了重大成果，但民间资本存在与生俱来的劣根性和缺陷，同时存在一定的风险和负面影响，具体表现在以下几个方面。

1. 民间资本单体规模小。

浙江民间资本主要集中在中小企业以及个体经营户，规模以上的经济主体发展有限，大型甚至超大型的民间资本更是少之又少。

年份	2006	2007	2008	2009	2010
大型工业企业占比	0.02%	0.02%	0.02%	0.02%	0.02%
中型工业企业占比	0.44%	0.48%	0.47%	0.43%	0.52%
小型工业企业占比	4.92%	5.44%	5.93%	5.71%	6.58%
规模以下工业企业占比	94.62%	94.06%	93.57%	93.84%	92.88%

2. 民间资本形态分散。

民间资本的存在形式多样化，储藏在储蓄存款中，以各种实体资产形式停留在实业投资中，并且一部分作为游资发掘投机机会。这些资本形态分散，且不稳定，随着经济形势和政策引导频繁转换。另一方面，民间资本的拥有者对资本的运用有着自己独到的见解，或者停留在自己的圈子里，因此，民间资本无处不在，不集中，整合能力不强。

3. 民间资本流动性强。

民间资本的逐利性导致其具有追求"一夜暴富"和快速增值的冲动，对长期投资缺乏一定的兴趣和耐心，因此投资具有短期化倾向。另一方面，随着投资领域获利能力的频繁转换，依靠"制度红利"投资实业赚取了第一桶金，实业不赚钱了就投资房地产，房地产受打压了就投资虚拟经济等，民间资本都

会跟着行情不停发生漂移。

4. 民间资本运作不规范。

民间资本游离在正规的金融体系之外，组织化程度低。民间资本具有"近缘性"，仅仅局限于人缘、血缘和地缘的狭小范围，主要依赖社会关系，基于对借款者个人的信任，是一种典型的关系型融资，因此无法像正规金融机构那样按照最优的风险收益结构来配置资源，只是民营企业在正规金融服务缺失条件下的次优选择。更为重要的是，民间金融活动空间范围的扩大将导致其信息不透明性和交易成本的迅速上升。在亲戚朋友、乡里乡亲之间进行的民间借贷，其信息生产的成本几乎为零。一旦超出民间融资的效率边界，民间资本也将面临与正规金融同样的信息生产成本上升的问题，而民间融资由于制度和人力资本的缺失，再加上借贷规模较小，所以每笔借贷的相对信息生产成本必然高于正规金融机构。由于信息不对称的存在和交易成本的上升，民间金融也会同正规金融一样产生逆向选择和道德风险问题，造成市场失灵和资源错配。

另一方面，民间资本的风险管理功能较弱。金融的风险管理功能在于金融机构和金融市场通过风险集聚、交易和转嫁活动，在全社会重新配置创新风险，使得那些风险更高但更具有生产率的技术获得足够的资本投入，从而推动企业技术创新和产业层次提升。风险管理功能的实现依赖于两个基本条件。第一要有足够的金融工具来对冲风险；第二金融市场要容纳足够多的对风险持不同态度的交易主体。由于民间金融的融资主体不是专业的金融中介机构，除了一般简单的民间借贷以外，无法像正规金融机构那样为企业提供全方位的金融服务，也缺少专业人才、专门技术来进行投资项目评估和风险管理，不能通过各种创新的金融制度安排和金融工具来为企业的自主创新活动提供支持。其次，民间融资的范围局限于民间金融的边界效率，不能容纳足够多的风险交易主体，容易形成相同的风险预期，使得创新风险难以分散。

二、浙江民间资本兼并重组研究

（一）民营企业参与国企兼并重组改造

随着国有资产管理体制改革以及国有经济布局调整不断向纵深方向进行，国企重组进入了一个战略性改革的新阶段，经过不同形式的"国退民进"、"国退洋进"、MBO、EMBO 等改革尝试，国有企业重组的步伐向前迈进了一大步。尽管其间各种争论不断，但事实上，国企重组的步伐却并未因此停止。2004 年国务院发展研究中心所做的《国有企业改制重组调查研究报告》显示，"在国有企业改制的各种类型中，民营企业入主后绩效提高最显著，管理层收购次之，职工持股再次之，而改制后仍然为国有控股则绩效改善最不显著"，民企参与国企改革之重要由此可见一斑。伴随引进外资竞争的日益激烈和国内民企的不断壮大，推进民营企业参与国企重组的热情有增无减，在重组的力度和规模上不断跃上新的台阶，重组的意义也正从越来越多的方面显现出来。

1. 民营企业参与国企兼并重组的模式。

（1）兼并收购。民营企业通过收购产权，获得更多更大对生产要素的支配权，发挥自己在市场、管理、经营理念等方面的优势以及灵活高效的机制，与国企嫁接，使其人才、场地、厂房、设备、技术等资源得到充分利用。兼并收购一般属于实质性资产重组，对被收购国有企业的资源进行全面整合，以优化资本存量和整体结构，将被收购企业的发展纳入收购方的整体发展战略之中。重组后的企业得到良好发展，国企职工得到妥善安置，民营企业也实现了低成本扩张，进行了行业整合，扩大了企业规模，延长了产业链条。一般情况下，这种形式多为资金比较雄厚、实力较强的民营企业所采用。

（2）投资参股。这是民营企业进入一些垄断性或者"门槛较高"行业如金融业、自然资源、高科技领域等的国企所采取的多元化战略。进入这类国企的民企多为既有一定的资金积累，又有一定资本运营经验，欲寻求使资本增值更快途径的民企。目前已有一批民营企业投资入股银行、保险、证券、航空、城市供水供气等行业。一般情况下，民营企业投资入股国企之后，往往是人没换，厂没变，靠新的机制激发员工的活力和潜能，使企业产品、管理、规模得到全面提升，进入发展的快车道。

（3）托管。这种形式是指通过签订合作契约，国有企业将资产交由具有一定经营能力且风险承担能力较强的民营企业有偿经营。实践表明，有效地利用托管方式进行资本营运，可以实现国企与民企的双赢。对国有企业来说，转换了机制，提高了经济效益，实现了国有资产保值增值。对民营企业来说，这种形式投资少、风险小，能迅速利用国有企业现有的平台实现产业扩张。

（4）租赁。这是中小型民营企业参与国企改组改造的主要形式之一。民营企业通过租赁国企闲置的厂房、设备等，往往能盘活存量国有资产。在民营经济实力相对不强的地区，这是一种比较现实和有效的形式。

2. 民营企业参与国企兼并重组的效应。

（1）微观层面，实现民企国企双赢。从企业发展战略角度讲，兼并重组的关键在于重组，重组的过程是形成新理念、建立新机制、培养新的企业文化的过程。而且从管理科学上看，企业应用现代管理制度受到管理成本的制约，即企业要达到一定的经营规模，管理结构的改变和管理体系的更新才具有经济上的必要性。通过推动兼并重组扩大企业组织的规模，并在企业整合过程中建立、健全现代企业制度，是完善我国民营企业治理结构的一条有效途径。另一方面，实现国有资本在竞争领域的基本退出和在非竞争性领域的部分退出，或者摆脱包袱，实现真正的市场化经营，充分发挥企业原有的活力。

（2）宏观方面，配合与促进国家产业政策的实施。民营企业的兼并重组首先要符合国家的产业政策，重点是引导货币金融和财政政策向高新技术产业、高级制造业、现代服务业等领域倾斜，积极发展新兴产业，鼓励高新技术企业对传统产业企业的兼并、参股、控股和项目合作，借此推动对传统产业的技术改造，或将新技术应用于传统产业部门，实现产业链环节的攀升。通过兼并重组，剔除民营经济中大量中小企业拥塞所形成的过剩产能，淘汰那些不符合国家行业准入标准、不符合国家产业政策和环保要求的落后企业。

另外，将民营企业的兼并重组与区域产业结构的优化升级结合起来，使兼并重组同时成为产业链环节向高端攀升的契机，并促进区域产业的优化升级和推动产业转移。为此，政府可以有意识地在两个导向上推动企业兼并重组，一是鼓励行业龙头企业、技术领先企业和优势企业以资产为纽带，兼并产业链相关企业及关联企业，提高行业集中度和地区集群化产业在国际市场上的竞争力；二是通过引导大、中民营企业跨地区的兼并、联合或重组，推动制造业向我国中西部地区的梯度转移，从而为发达地区提升产业链环节腾出发展的空间。

（二）民营企业联合重组，发挥集团效应

1. 民营企业联合重组的现状及模式。

目前，浙江民营企业结构，虽然体现了市场经济的专业分工、资源配置、降低成本、提高效率的基本规律，但仍然以"轻、小、集、加、贸"为主要特征，存在许多问题。同时，对照国家大中小型企业标准分类，与发达国家企业一般构成（5%、20%、70%以上）相比，浙江省90万家工业企业中，规模以上大中小型企业数分别占总数的0.02%、0.52%、6.58%，92.88%为规模以下企业，大中企业比重偏低已成不争的事实。

浙江民营企业在规模上，即使在各地的一些支柱产业中，产值最大的企业跟国际跨国公司比，往往也显得规模偏小；在空间布局上，尽管有了众多产业集聚区的发展，但离真正的科学集聚还有着不小的差距；在竞争能力上，科技水平和附加值偏低，同行业重复投资和重复生产现象普遍导致低价竞争使企业无利可图甚至亏本，产品种类虽多但进入国家、国际大项目、大工程领域的偏少，达到世界领先水平的不多；在品牌、效益上，普遍表现出品牌不响、效益不高的特征。

因此，民营企业宜通过联合重组方式，做大做强。早在 2001 年，浙江台州 7 家钢材经营小企业倒旗后重组形成浙江环洲钢业股份有限公司，实现了由"小"变"大"，这成为台州中小企业联合重组的经典案例，被称为"环洲现象"。这一成功经验也曾被原浙江省体改办称为"我省部分中小企业自觉走上联合重组之路的有益实践"。2003 年 5 月，温州的八大"锁王"——"五洲"、"坚士"、"宝得利"、"霸力"、"华光"、"金马"、"金得利"、"康佳"联合在一起，组建了亚洲规模最大的制锁企业强强集团。这种以强强联合的方式进行的产业重组，被认为是温州锁业摆脱小、乱、差、弱、低局面的必然选择，也使得温州这一目前国内最大的锁具生产基地在保持其在总量和价格上的传统优势的同时，在质量和品牌上也逐渐达到可以与发达国家抗衡的水平。2004 年 2 月，温州家具业集团成立，以家具集团有限公司为主体，以资产为主要连接纽带，名牌产品销售为龙头，组成了跨地区、跨所有制、跨行业、多层结构的法人联合体。2004 年 4 月，温州市拉链商会和 40 多家理事企业发起组建温州拉链集团。2008 年，慈溪市六家民营纺织企业联合投资打造杭州湾腈纶有限公司，通过引进德国最新技术，提高产品技术含量与产品档次，其产品的市场份额不减反增。2009 年 5 月，由凯喜姆阀门有限公司联合温州华海密封件有限公司、温州良钢阀门有限公司等 17 家阀门企业，重新组建成凯喜姆科技集团，新成立的凯喜姆科技集团以凯喜姆阀门有限公司为龙头，将龙湾区华海密封件有限公司等 17 家阀门企业进行整合重组，将企业的各种生产要素，包括产品、技术、设备、厂房、服务、文化、团队管理等，以资本形式进行流动、整合和重构，实现最优化配置，形成合力。这些成功的民营企业联合重组都为后来者提供了先进的宝贵经验。

2. 民营企业联合重组的效应。

这种民营企业之间的联合重组，迅速壮大了企业规模，扩大了市场份额，较快地实现了优势互补，提高了企业在国内外市场的竞争能力，提高经济效益，使企业快速走上规范化、制度化发展的轨道，同时也有利于企业进入金融市场筹措资金。特别是在金融危机的冲击下，这种模式被称为"抱团取暖"，即运用团队的力量，找到解决战胜危机的方法，同时有利于充分发挥各自优势，优化资源配置，有利于提高整体创新能力，促进产品升级和技术创新，巩固和拓展市场空间，有利于提高集约程度，提高产品与产业层次，提升自身核心竞争力，是应对危机的最好选择。

（三）民间资本联合重组，组成财团模式

民间资本分散，组织程度低，竞争力不强；民间资本联合组成财团，成为

111

其谋求进一步发展的新渠道。一方面，阵容强大的财团可以突破单个企业资本薄弱的局限，有助于民间资本进入一些资本密集型行业，做大做强；另一方面，民间资本组成财团，也是经济发展到一定阶段的金融创新，相对于现有的金融机构的金融创新，民间资本创新更具活力。

财团是指为数较多的工业企业、少数金融机构组成的联合体，通常在多个经济部门活动，着重于资本联合和资本运作。从历史来看，这些财团按组成形式可划分为两类：一类是以家族为中心形成的财团，如摩根财团、洛克菲勒财团等；另一类是以地方为中心形成的财团，如克利夫兰财团、芝加哥财团等。在我国实践中，除了以金融为核心的集工业、贸易等领域为一体的国有大型集团外，民间企业和资本也正在以这种模式集结。

2004 年 6 月，温州当地知名的神力、奥康、新雅等 9 家民营企业刚刚挂起"中瑞财团"的匾额，致力于聚集和调动规模庞大的民间资本，参与国家重点建设，参与企业改组中的并购和转股改制，带领国内企业参与国际竞争；2004 年 7 月，温州乐清长城集团、华通集团、民扬集团、永固金具等 7 家企业共同出资组成"中驰财团"成立，注册资金达 1 亿元，公共设施建设、房地产开发、现代物流、进出口贸易、高新技术、金融、国企兼并、借壳上市、风险投资将成为其发展的长远目标。

北京师范大学金融研究中心主任钟伟认为，这些民间财团，既不是财务公司——财务公司只为单一企业提供金融支持，也不同于国内泛滥的投资公司——大部分投资公司用别人的钱进行投资，而是具有私募性质的企业间融资平台，一个较恰当的定义也许是"原始形态的投资银行机构"。

目前，还没有相关法律法规来规范约束这类机构，这类财团还存在着一些政策和法律风险，尤其是在财团融资特别是募集中小投资者资金方面。但其具体做法带来了很大的积极效应，一方面，从民间资本的联合模式来看，基本上采取了均权、均股的方式，符合企业民主决策的原则；另一方面，在运作过程中，外聘职业经理人，组建强大的顾问团和投资专家组等多种行为，破除了民营企业的传统弊端，推行所有权与经营权分离的现代企业制度，突破了体制瓶颈、管理瓶颈、经营瓶颈的约束。

三、浙江民间资本流动研究

资本流动，根据时间的长短和流动目的，可以分为资本短期投机性流动与资本长期投资性流动。参照国际资本流动的做法，长短期时间的分界点是一年。从资本流动的主导因素分，可分为政府主导的资本流动和主导的资本区际流动两大类。这两类资本流动的动因是不同的。根据资本流动的形式，可以分为：（1）直接投资形式，这是资本流动的主体形式。（2）证券投资形式，是投资者购买企业股票和债券所引起的资本流动。（3）银行贷款以及民间借贷形式。（4）拨转财政资金的形式，包括财政转移支付，来自政府的预算资金基本建设投资等。

在大多数研究中，资本流动的范畴都比较笼统，或主要集中在国际资本流动，其实根据资本所有者的不同，资本流动的资金类型包括财政性资金、银行信贷资金、国际资本、民间资本。其中，由于民间资本自身的隐蔽性，缺少规范和有效统计等各方面原因，关于民间资本流动的规范研究几乎没有，只有少数是通过实地调查、访谈等形式开展的应急性研究。

民间资本流动，与财政资金转移、银行信贷资金流动相比，从形式上看，都是作为生产要素的资本在空间位置的流动，在资本项目严格控制的情况下，主要都是在一个国家内部流动，所不同的是，后者的运作是规范性的，具有较为稳定的目标和运作机制，且具备一定的透明度；而前者是体制外运作，运作具有较大的随意性，信息不透明。

民间资本流动与国际资本流动具有很大的相似性，主要是市场主导下的资本流动，其根本原因都是为了追逐利润和规避风险，主要集中在直接投资。不同之处在于国际资本在不同国家之间流动，还要受关税、汇率以及税制差异、利率差异和文化差异等因素的影响，民间资本流动比国际资本更加活跃和自由。特别是国际热钱或游资与民间投机性资本相比，几无差异。

因此，民间资本虽然很难监测和跟踪，但其规模巨大，且对整个经济体系产生了很大影响，民间资本流动的范围、方式以及产生的经济影响很值得深究。

1. 民间资本跨区域流动，主要以直接投资方式。

直接投资是指民间资本持有者将货币资金直接投入投资项目，形成实物资产或者购买现有企业的投资，通过直接投资，投资者便可以拥有全部或一定数量的企业资产及经营的所有权，直接进行或参与投资的经营管理。直接投资包括对现金、厂房、机械设备、交通工具、通信、土地或土地使用权等各种有形资产的投资和对专利、商标、咨询服务等无形资产的投资。

直接投资的主要形式有：（1）投资者开办独资企业，直接开店等，并独自经营；（2）与当地企业合作开办合资企业或合作企业，从而取得各种直接经营企业的权利，并派人员进行管理或参与管理。前者是民间资本直接投资的最主要方式，只有规模较大或具有较强影响力的民间资本持有者才可能选择后者。

由浙江省工商局 2005 年公布的名为《从民企外迁看我省个私民营企业生态环境——关于全省民营企业外迁资金外流》的专题调研报告显示，2004 年浙江共有 3058 家民营企业迁出省外，外迁企业对外投资总额 226.3 亿元。而浙江省政府经济协作办公室和浙商杂志社首次公布的浙商全国累计投资分布图显示：2006 年浙商在各地的投资总额已超过 1 万亿元，其规模相当于 2005 年浙江全省的 GDP。具体分布如下：上海、北京、广东的投资额分别达到或超过 2000 亿元，其中汇集上海的浙商群体已达 30 万人，企业规模和投资总额居各地浙商之首；作为我国矿产资源富集地甘肃，浙商的投资达到了 1000 亿元；与浙江相邻的省份是浙商辐射的重点区域，其中安徽 890 亿元，江苏 650 亿元，江西 632 亿元，重点城市和区域经济中心、边贸发达地区等也是浙商投资的重点，其中天津 620 亿元，湖北 600 亿元，黑龙江 570 亿元，云南 500 亿元；四川、广西均为 300 亿元。其他地区浙商的投资情况是：辽宁、湖南、山东、贵州和河南的投资分别在 240 亿元以上；陕西 200 亿元，投资额百亿元以上的地区是：重庆、山西分别为 150 亿元，吉林 120 亿元，海南、福建、新疆各 100 亿元，浙商在河北、内蒙古、宁夏的投资分别超过 80 亿元，青海 40 亿元，西藏和港澳的统计暂缺。

由此可见，企业直接投资所引起的资本跨区域流动规模较大。就浙江省对外投资的情况来看，过去的投资重点是我国的东部地区。其他地区的情况也是如此，很多中西部企业到沿海直接投资，由此引发的资本流动是中西部流动到东部，但进入 21 世纪，有越来越多的东部企业到中西部投资。如 2004 年有超过 110 万浙江人在西部 12 个省市区投资经商，在西部地区投资超过 1000 亿元。西部很多省份引进的外来资本，大多数来自东部省份的直接投资，只有少部分是外国直接投资。例如，从 2000 年到 2004 年，贵州省招商引资实际到位资金 434 亿元，年均增长约 45%，其中引进国（境）外资金 7.2 亿美元，引进省外到位资金 373 亿元，占全部到位外来资金的 85.9 亿元。

仅从温州来看，据统计，目前温州人在外投资总额在 3000 亿元以上，在外创办各类企业 3 万多家，其中亿元产值以上的就有 500 多家。温州人创办的商业街、商场、专卖店更是不计其数，利用遍布全球的温州人网络，温州商人年销售产品达 6650 亿元，相当于"华夏第一市"浙江义乌中国小商品城上年 348 亿元市场成交额的 19 倍多。中国人民银行温州市中心支行副行长周松山对温州民间资金的规模、特征、流向等有着深入的研究，认为近几年来温州民间资本跨区外流，从内因看，与温州本地土地资源要素、人才要素和投资环境这三大因素的瓶颈制约有关系；从长期趋势来看，则是温州市场经济从商品输出走向资本输出的必然，是产业梯度转移、产业升级过程中研发基地外迁的必然产物，是符合市场经济发展规律的。

2. 民间资本股权投资性流动。

民间资本投资者在股票市场上或在场外市场买入现有企业一定数量的股票，通过股权获得全部或相当部分的经营权，从而达到收买该企业的目的。这里包括借壳上市和私募股权投资，前者仅一些实力较强的公司才可能介入，大部分都是成立一家股权投资企业，瞄准一些具有发展潜力的新兴企业注入资金。私募股权投资是指在企业发展的某个阶段（早、中、后期）投入资本（权益性投资），并占有该企业一定额度的股权，待其发育相对成熟后，通过企业上市、企业并购及管理层回购等市场退出方式将其股权转化为资金，并获取高额的投资回报，其运作过程主要有项目筛选、投资监管、资本退出。

据不完全统计，目前在温州从事私募股权投资的企业有 12 家左右，温州地区以外，温州人创办的私募股权投资公司也有 10 余家。这些机构掌握的资金从数千万元到 10 多亿元不等。其资金主要来源于实业中已初具规模的温州民营企业。2010 年以来，关于风险投资的各类培训班等在温州密集出现，温州人对投资概念也有了新的认识。现在已经有很多具备一定实力的温州企业家，组成一个一定规模的投资基金后，再去找专业的基金公司、阳光私募。可以说，在投资领域，温州人已经形成了一定的规模。

3. 民间资本短期投机性流动。

受当前经济环境不稳的影响和投机暴富动机的冲动，一部分民间资本选择短期投机，以游资或者热钱的形态存在，随意性大，流动性强，隐秘性高，经常神龙见首不见尾，这种短期投机资金对经济产生了严重的破坏作用，是需要严格控制和监管的。

哪里有钱赚，民间资本当然就投向哪里。1999 年，温州的民间资本开始进入上海、杭州等地的房地产市场。2002 年，全国能源紧缺，煤炭价格飞涨，而煤炭是个高投入产业，山西的煤老板们自有资金有限，温州的投资者就充分发挥温州民间资本的优势，将筹集的资金投向山西煤矿。据估计，山西省 60% 的煤矿被温州人收购。2003 年，棉花减产，棉价上升，温州 30 亿元民间资本进入产棉大区新疆，收购新疆棉花。2006 年，商品期货牛市汹涌而至，许多企业开始投资有色金属矿产。2007 年，石油价格上涨，50 亿元温州民资进入西部，大量收购油井。2009 年，房地产市场行情逆转，大量民间资金进军一二线城市。2010 年，恰逢大蒜、绿豆等农产品受到不利天气影响而减产，需求却持续旺盛。大蒜、绿豆属于产地集中、产量有限的小品种农产品，炒作所需资金较少，而且国家暂无相关储备进行调控，于是成为民间游资炒作的对象。除此之外，辣椒、普洱茶、黄金、玉器等产品也出现了游资热炒的迹象，价格短时间内大幅提升。

虽然没有精确的数字监测民间资本的投机流动方向，但市场价格的行情总会看到民间资本的影子。从传统的投机渠道和工具，与时俱进寻找到新的缝隙和突破口，民间游资带着其客观性和必然性在市场中散发着荣耀的光环。

4. 民间资本借贷。

民间资本借贷是指游离于经国家有关机关依法批准设立的金融机构之外的所有以盈利为目的的个人与个人、个人与企业、企业与企业之间的资金活动。浙江民营经济发达，民间投融资需求旺盛，民间借贷的规模巨大。

（1）民间金融规模大，而且有进一步增加的趋势。浙江省作为民营经济大省，中小企业数量多，融资难的问题一直困扰着各方主体，民间融资是中小企业、民营企业解决资金困难的重要途径。民营企业的资金来源主要有三个途径：第一是自筹资金；第二是银行贷款；第三是通过一些非主流的融资机构，比如典当行、小额贷款公司等获取所需资金。一般来讲，银行的准入门槛高、放贷额度低。企业向银行贷款只能通过一定的质押物、抵押物，一般银行不会采用信用担保方式；股权抵押也仅仅是理论上的探讨，实际操作中，基本不会存在。通常来讲，中小企业在银行中处于次要地位。同时由于其先天不足，往往贷款申请很难通过银行的审核，或者说在银行所能融到的资金对他们来讲是杯水车薪，根本解决不了问题。

据人民银行 2006 年的调查推算，浙江民间的融资规模高达 1500 亿元以上，其中温州等经济发达地区地下融资活动尤其活跃。根据中国人民银行温州市中心支行（以下简称温州中支）的调查，企业借入民间借贷与银行贷款的比例是 6:100，按 2010 年 6 月温州企业贷款 2670 亿元余额推测，企业民间借款为 160 亿元；被调查个人借入民间借贷与银行贷款的比例关系是 20:100，目前温州个人贷款 2380 亿元，推测个人（包括企业主以个人名义）民间借款 470 亿元。两者合计，当前温州民间借贷规模约为 630 亿元。另外，除上述的 630 亿元民间借贷余额之外，还有一块民间借贷没有纳入，即融资中介机构作为债务人向社会借入的部分，这部分资金并不在少数。根据温州中支的典型调查，各类中介机构普遍是高负债经营，通过各种渠道从社会上融入资金用于放债，若以平均负债率为 70% 计，则据此估计，以融资中介为债务方的民间借贷余额为 170 亿元。两项合计，800 亿元就是当前温州民间借贷的大致规模。

民间资本已经成为温州改善投资机构，推动经济发展，调整产业结构，繁荣城乡市场，改善民生的一支不可或缺的难以取代的重要力量。从温州市的固定资产投资市场来看，2009 年整个投资是 837 亿元，其中国有投资 260 多亿元。非公有投资 504 亿元，农村的私人投资 70 亿元，民间投资与国有投资的比例为 2:1。从中小企业资金来源情况看，温州的民间自有资金（民间借贷）与银行贷款的比例大致是 7:3。

（2）民间资本借贷价格高，且不稳定，加大企业财务成本。根据温州中支的监测，温州银行业的平均加权贷款利率一路大涨，2010 年 10 月份更是"跳空高开"。温州中支的一组数据显示，截至 2010 年 10 月，温州全市贷款平均加权利率为 6.99%，而 9 月的数据是 6.74%，10 月的涨幅远远超出前几个月。温州中支对 400 户企业或个人的监测数据显示，截至 10 月，被监测机构借贷资金总量同比增加 21%。不仅如此，民间借贷利率 2010 年以来也呈攀升状态。7—10 月，400 户监测企业或个人借贷的平均利率分别为 13.37%、13.94%、16.70% 和 16.62%，同期中介机构的平均利率分别为 35.65%、37.26%、38.17% 和 39.19%。如计上小额贷款公司借贷利率，7—10 月的综合利率分别为 20.67%、21.35%、22.83% 和 23.08%。与此同时，担保公司、典当行等中介机构的资金利率攀升幅度更为明显，7—9 月分别为 35.65%、38.17% 和 39.19%。

浙江省民间资本借贷利率一般在 15% 到 24% 之间。但是如果年末银行信贷收紧，很多中小企业借款无门，急需资金者不得不把目光投向民间借贷，导致民间金融资金紧张，利率也会上涨，如典当行的月息从 2% 上涨到 3% 左右，民间借贷公司更是普遍涨到 6% 以上。而那些贷款门槛较低的地下民间贷款公司的利率更高。网络调查有 2 家民间借贷公司表示，无论是何种借贷，其月息依旧维持在 4%~6% 左右；3 家借贷公司表示，根据不同的抵押物以及时间长短，月息在 6%~10% 不等；还有 2 家小额贷款公司表示，如果贷款 100 万元以下，月息是 9%；另有 1 家贷款咨询公司说，如果贷款金额不高，可采用信用贷款，无须抵押，贷款 1 万元日息 80 元，贷款期限最长不超过 2 个月，这意味着一天利息是千分之八，折合月息高达 24%。

（3）民间资本借贷操作方式多样化。民间资本借贷的主要操作方式是通过金融会、寄售行、担保公司、投资公司、垫款公司、钱庄、典当行、基金会等公开半公开操作的平台进行民间融资；通过民营企业进行民间集资；一些境外保险机构非法进行"地下保险"；设立投资公司进行私募基金活动等。

（4）民间资本借贷参与者广泛，潜在系统性风险。浙江民间借贷传统可

117

以追溯到 20 世纪 70 年代。从参与者看，民间借贷融入了农业、制造业、采掘业、房地产、商贸餐饮业、养殖业等多种行业。从参与主体来看，民间借贷的借贷主体扩大到城乡居民、个体私营业主和机关公务员等个人和群体。随着经济活动的增多，浙江民间逐步出现了有组织、无机构的各种金融会（如标会、摇会、抬会、合会、呈会）和"地下钱庄"。民间借贷的利息高者年息可达30%～40%，短期甚至开出月息 50%～120%，一般也有 15% 左右。于是，在高利贷的诱惑下，只要家里有闲钱，几乎是人人参与。不少人甚至将房子抵押到银行进行个人贷款，或者直接将房子卖掉，进而把这笔钱投入到借贷市场中去，谋取高利。温州中支 2010 年第二季度在区域内展开了的一次调查，有89% 的家庭（或个人）和 56.67% 企业参与民间借贷。

随着经济的发展，浙江省的地下借贷又出现新的变化，不少地下信贷有组织地出现在了社会上。寄售行、担保公司、投资公司、垫款公司、钱庄、典当行、基金会等外衣给了地下借贷提供了半公开操作的平台。新的民间融资形式不断翻新，如出现了金融掮客盛行。所谓"金融掮客"就是"借款中介者"。他们一般以 5% 左右的利息向下家吸收存款，然后再以 8% 甚至更高的利息借出，以赚取中间利差。

而参与借款的企业则不仅仅包括中小企业，也包括一些个体工商户，特别需要注意的是有些企业甚至已经把民间融资当做是主要的融资途径。有关部门在温州市鹿城区双屿镇调查发现，当地中小企业 3000 多家，资金来源由自有资金、银行贷款、民间借贷三部分构成，2009 年末，三者比例为 50∶35∶15，到了 2010 年 4 月末，民间借贷占比上升了 5 个百分点，个别企业上升了 8 个百分点。如温州中支监测反映，当前 82.26% 的民间借贷资金用于生产经营，表现在借贷关系上，个人借给企业的资金占 46.98%，个人借给个人的资金占45.5%，这与温州个体工商户、小企业众多不无关系。浙江民间融资参与者广泛，因此民间融资一旦出了问题，可能会导致社会不稳定。

5. 民间资本海外投资。

2008 年 3 月，飞跃集团因资金链断裂引发财务危机，企业命悬一线。得知飞跃集团的处境后，浙江省各级政府及有关部门审时度势，果断出手，拯救飞跃。2008 年 4 月初，椒江区和台州市在第一时间为飞跃集团注入 9500 万元财政借款，帮助企业维持正常生产；浙江省政府随后召集飞跃集团各家债权银行开会协调，使各家银行达成了"不压贷、不抽资、不起诉"的协议。在这场化解飞跃集团财务危机的决战中，企业家的社会责任感、战胜困难的坚定信心以及当地企业抱团互助的作用功不可没。飞跃集团将缝纫机业务推出重组后，台州很多企业包括一些自身资金紧张的企业，都勇敢地站出来表示愿意出资出力。2009 年 1 月 13 日，由当地 7 家企业共同发起的浙江新飞跃股份有限公司（简称新飞跃）注册成立，大型民营企业星星集团入股 31.65%，飞跃集团转为第二大股东，持股 30.38%。浙江新飞跃股份有限公司的注册成立，标志着已持续十个月的飞跃集团财务危机事件基本得到化解。回顾飞跃集团成功重组、浴火重生的经历，不仅有益于增强国内企业在危机中求生存、求发展的信心和决心，也为当前各级政府与企业界应对金融危机提供了诸多启示。

第七章　浙江民间理财研究

一、浙江民间理财现状分析

浙江省藏富于民，改革开放三十多年来，业已经累积了丰富的民间资金。据多个机构调查，截至 2010 年，浙江地区的民间资本已近 1 万亿元人民币，浙江人极强的投资意识加上资本逐利的本性，在打理财富的过程中，形成了个人与个人、个人与企业、企业与企业之间的多样化的资金筹措活动和理财行为，既包括低层次、无组织的民间借贷关系，又包括较高层次、有组织地通过各类金融机构进行的金融活动及交易关系。而在民间理财的各类活动中，民间生长和资本的扩张机制格外引人注目。

浙江民间理财源于原先金融资源内在运行的低效率，而各类的民间资本运作方式通过跨时空、跨空间、跨主题配置资源，实现了与正规金融之间相互融合和交替变迁，因此浙江民间理财具有非常显著的几点优势：第一，一般局限于一定的血缘、亲缘或地缘的社会关系，具有信息对称优势；第二，理财工具形式多为民有民营，规模多为中小型规模，相比官方理财工具，更具有针对性和适用性，具有较高的经营优势；第三，通常采取小巧灵活的组织机构和操作简便的运作机制，对参与者的素质要求不高，契约执行通过社区法则，避免了正规途径的高昂费用，因此具有交易成本优势。但同时民间理财的风险防范机制缺陷和地域局限性也成了自身所无法克服的缺点。

民间理财即打理民间资本，根据《浙江统计年鉴2004》的规定，包括对民营企业的固定资产、流动资产，以及居民家庭的金融资产的管理，以实现一定的经济目标的理财计划、规划或解决方案。

（一）民间理财的规模总量迅速膨胀

因为民间资本在区域之间的流动性很强，因此缺乏官方权威的数据统计，因此我们在中国人民银行的数据分析基础上，采取增长比率估算法测算 2010 年浙江民间资本的总额，从时点角度对浙江民间资本做量化统计。民间资本总体上表现为存款或者现金。将企业存款作为民营企业的货币形式存在的资本，将城乡居民储蓄作为升息资本全部计入，将本期外汇存款、本期净投放资金、证券基金期货外汇黄金投资保证金全部计入，大体上就可以反映出浙江区域内民间资本总额。至于在外浙江人投资汇回的利润及侨汇款则假设其最终转化为企业与个人存款或者现金。由于存款和现金中尚有一部分是基于消费和预防动机持有的，因此，可动用的民间资本应该少于统计出的数据。中国人民银行杭州中心支行根据如上的数理统计，采取调查等方式，计算出"十五"期间浙江民间财富在 2005 年达到 8300 亿元，按照"十一五"期间，浙江地区生产总值年均增长 11.8% 估算[①]，2010 年末浙江民间资本总额可达 14497.29947 亿元，仅温州地区的民间资本就逾 7000 亿元。2009 年全国工商联并购公会、温州市信用担保行业协会共同发布的一份《2008 年温州地区民间金融活动调研报告》显示：温州的民间资本总体规模大致约有 6000 亿元，并且每年以 14%以上的速度在增加，预计在 2010 年底达到 7680 亿元，温州中小企业发展促进会会长周德文也估算 2010 年底温州民间资本大概在 8000 亿元左右。2011 年1—3 月，民间投资也是持续增长，同比增长 31.5%，比同期固定资产投资增幅高 6.5 个百分点，占固定资产投资比重由上年同期的 54.4% 上升到 57.3%。

121

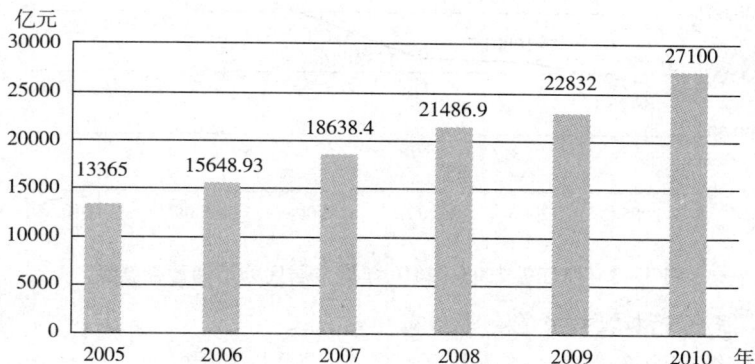

图 7 - 1　浙江省 2005—2010 年地区产生总值数值

作为理财主体之一的浙江省城乡居民虽然财富积累指数不断攀升，但实际上资本创造财富能力较低。

---

①　浙江省省长吕祖善在作政府工作报告时表示，浙江 2010 年生产总值达 27100 亿元，五年平均增长 11.8%。

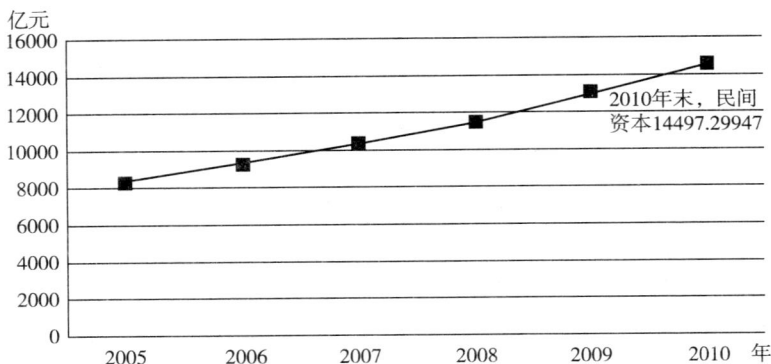

注：按照2005—2010年（"十一五"）地区产生总值年平均增长率11.8%进行估算。

图7-2　浙江省2005—2010年民间资本总量

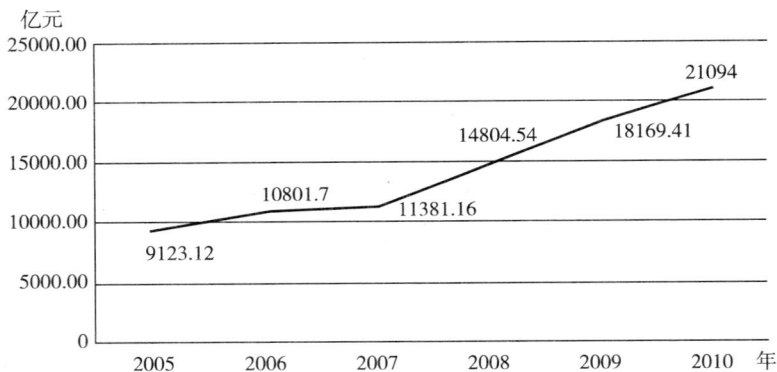

图7-3　浙江省2005—2010年城乡居民外币储蓄存款额

（二）民间资本理财渠道有所拓宽

突破传统产业换位第三产业和新兴产业，试水垄断行业。尽管浙江省民间资本规模已经相当可观，但是从民间资本自身看，随着金融危机以后，资源要素的现值、盈利能力下降、国家宏观政策多变、市场准入渠道的不通畅、新兴产业投资回报模式的不确定以及浙商资本过度的趋利动机都改变了浙江民间投资与理财在不同投资方向上的活跃度。数据显示，浙江民间资本的投资方向已经呈现出从制造业逐步撤离的趋势，转向第三产业、新兴产业，甚至涉足部分的垄断行业。

数据显示，2009年浙江民间投资增速低于国有投资，其中以制造业尤为明显。2009年全年，浙江省限额以上固定资产投资中，国有及国有控股投资增长 25.6%，而民间投资只增长 13.7%，其中以民营企业为主的制造业投资仅增长 7.4%，特别是第一季度更是仅增长 2.6%，大大低于国有投资的增速。截至 9 月，浙江省进入制造业的固定资产投资中，国有及国有控股投资增长 27%，民间投资只增长 9.2%，以民营企业为主的制造业投资更少，仅增长 5.2%。至 2009 年底，民间投资总额为 6265 亿元，同比增长 10.8%。

2010 年民间投资在危机过后信心又逐步回升，2010 年 1—11 月，全省非国有投资同比增长 22.7%，其中民间投资增速达到 25.9%，而国有投资仅增长 8.7%。从民间投资的三次产业分布看，浙江省民间投资投向主要集中于第二、第三产业，2010 年 1—11 月所占比重分别为 51.1% 和 48.5%，增速分别为 18.2% 和 35.2%；相比 2008 年浙江经济普查年鉴来看（表 7-1），浙江私人控股企业法人单位行业结构中第二产业占 59.5%，第三产业占 40.5%，制造业为主体的民间投资呈现出向第三产业转移的趋势。第一产业的投资所占比重很低，仅为 0.4%，但增速却达到 32.6%；从具体的行业投向看，制造业和房地产业投资构成民间投资的主体，占限额以上民间投资的比重分别为 49.8% 和 39.7%，二者合计占了近九成，增速分别为 20.0% 和 41.0%。房地产业已经成为民间投资的发展重头，超过七成的浙江百强民营企业涉足房地产业。

表 7-1　　　　　　2008 年浙江私人控股企业法人单位行业结构

	行业结构（%）
总　计	100
第二产业	59.5
采矿业	0.3
制造业	55.7
电力、燃气及水的生产和供应业	0.5
建筑业	2.9
第三产业	40.5
交通运输、仓储和邮政业	2
信息传输、计算机服务和软件业	2.6
批发和零售业	22.3
住宿和餐饮业	1.3
金融业	0.3
房地产业	2.5
租赁和商务服务业	5.3
科学研究、技术服务和地质勘察业	1.8
水利、环境和公共设施管理业	0.4
居民服务和其他服务业	1.1
教育	0.3
卫生、社会保障和社会福利业	0.2
文化、体育和娱乐业	0.5

图 7 - 4 表示，2005—2009 年限额以上私营个体经济分行业投资变化情况，也可以印证民间投资在传统的第二产业和实体产业上，明显出现增长疲软，成长性没有第一产业和第三产业势头良好。第二产业在金融危机中受到的影响比较大，但是在 2009 年和 2010 年反弹趋势也比较迅猛，而第一产业虽然总量不大，但一直保持着快速的增长。

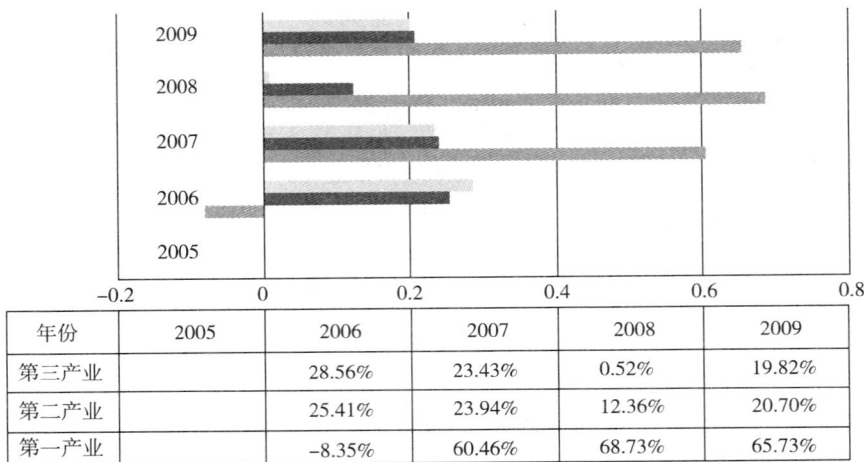

年份	2005	2006	2007	2008	2009
第三产业		28.56%	23.43%	0.52%	19.82%
第二产业		25.41%	23.94%	12.36%	20.70%
第一产业		-8.35%	60.46%	68.73%	65.73%

图 7 - 4　2005—2009 年限额以上私营个体经济分行业投资变化情况

随着后金融危机时代愈加复杂的宏观经济局势，以及浙江区域资源要素的制约，浙江民间资本的投资方向出现从制造业逐步撤离的趋势，出现一些新的投资动向，包括房地产业、金融服务业、新能源，以及一些曾经被看做是禁区的国有项目。

房地产业已经成为民间资本的发展重头。2009 年以来，由于在房地产领域实施了一系列的优惠政策，投资与投机需求大增，房价过快增长。2009 年度浙江百强民营企业中，超过七成的企业涉足房地产业。出于资金安全和收益方面的考虑，相当数量的民间资本从实体经济中流出，转向房地产市场。2010 年第一季度浙江省房地产的投资额占总的民间投资的 37.95%，可以说民间投资的增长主要来自房地产业。

金融等现代服务业活跃。民间资本参股金融企业热情高，软件开发、服务外包、新商业平台建设、文化领域投资在国内居于领先地位，可带来"鲶鱼效应"。2011 年 3 月数据显示，民间资本已经广泛进入银行业，在中小金融机构（股份制商业银行、城商行）中占比较高，而在浙江、广东等民间经济发达地区，占比更高，如截至 2012 年末浙江 11 家城商行民间资本在股本中占比约75%。

进军资源产业，与央企合作力度大。中石油与浙商的合资合作数额大、层次高，实现了民企进入基础产业的突破。民资如潮涌般涌向电力、路桥、公交、航空等昔日的"投资禁区"，民间资本的活力和潜力日益彰显，甚至还有的投资了境外矿产类项目。

投资新能源等新兴产业积极性高。生物产业、物联网产业、新能源产业、节能环保产业、高端装备制造业、海洋新兴产业、新材料产业、新能源汽车产业和核电关联产业等九大重点领域投资取得突破，争得先机。

资本市场投资也是相当一部分民间资本的重要投资渠道。近几年，除了上市融投资速度加快，不少民间资本通过各种方式成为了外地上市公司的控股股东，其他通过隐蔽方式"潜伏"在外地上市公司的民间资本则更多。

（三）形成立足本地区，逐渐跨区域、跨国界的多元民间理财环境

浙江民间理财不断加快"走出去"步伐。据浙江省发展改革委统计，2010年浙江省境外投资项目数和投资额均居全国各省区市第一。境外投资中方投资额33.5亿美元，比上年增长2倍多。而在"十一五"期间，浙江累计新增境外投资63.6亿美元，境外机构数和投资规模也均居全国首位，形成了民间资本境外投资新图景。

125

2011年1月，央行颁布的《境外直接投资人民币结算试点管理办法》为民间资本"走出去"拓宽了渠道，浙江温州市政府也下发《温州市个人境外直接投资试点方案》，这使温州成为我国第一个放开个人境外直接投资的城市。不用再为境外投资专门开设公司，也不用把手头资金悄悄托付给海外亲友，经过短期的项目审批就能把钱投向境外市场，温州率先为个人境外直接投资"破冰"。个人出境资金从每年5万元的额度，提高到了300万元额度，温州民间资本甚至考虑抱团，合伙开设境外银行，转投海外金融领域。

浙江民间资本也借鉴国际风险投资基金（VC）和私募股权基金（PE）对外股权投资模式等方式进行理财，在国内国际条件的相互转化中，设立具有自主投资性的、专业的投资基金（公司），以商业化的方式面向境外高科技企业进行股权投资，成为民间理财长效发展的策略高点。

二、浙江民间理财的方法与渠道分析

民间资本与财富，主要通过各类民间理财机构，进行民间借贷和民间投资，民间金融业借助产权清晰、运作灵活等特点，为产业资本与金融资本的结合搭建互动平台，有效地缓解了丰裕资本与巨大需求缺口的矛盾，提高社会储

蓄资金向生产线资本转换的效率，建立起一个有效的民间资本转换为生产和投资的机制，初步形成浙江地区的民间理财线路图。

（一）民间理财机构

"新 36 条"提到"鼓励民间资本发起设立金融中介服务机构，参与证券、保险等金融机构的改组改制"，首次提出了允许民间资本兴办金融机构，如村镇银行、贷款公司、农村资金互助社、信用担保公司、金融中介服务机构，进一步推动了浙江民资中介机构渗入金融领域的步伐。从官方角度来说，体制外的民间金融机构从原先的"非正规金融"得以正名："民间金融机构具有一定的优化资源配置功能，减轻了中小民营企业对银行的信贷压力，转移和分散了银行的信贷风险。"从另外一个角度也可以看出，民间金融机构已经渐成规模（不同地区民间融资占新增贷款的比重区间在 15%～30%），生产取向已经具有了一定的风险控制和管理能力，成为民间理财的重要渠道。

浙江拥有数量巨大、遍布全省、体系成熟的民营金融机构。在浙江，一个县、一个市甚至一个区，有一两家当地银行的也比比皆是，如义乌市的稠州银行、温岭市的民泰银行等，如台州单法人银行就有泰隆银行、民泰银行和台州银行三家城市商业银行，以及各县的农村商业银行、农村合作银行和农村信用社等。此外，众多的村镇银行、担保机构、小额贷款公司、典当行及私募基金类机构等，共同构成了浙江发达的民营金融机构或准金融机构体系。

民营金融机构的发展与壮大，促使浙江地区各种金融机构形成相互竞争的格局，提高了金融资源配置效率的同时，也促进了各类民间金融方式的创新，例如中小企业网络融资担保服务平台等，才得以使浙江地区的民间理财处于多层次、多形式、多种所有制的多元金融生态环境。

（二）民间借贷

民间借贷是民间理财的重要内容，具体又包括如下几种形式：一是直接的民间借贷，是借贷活动的最朴实形态；二是私人钱庄和银背，作为民间借贷的传统和重要内容存在；三是民间合会，即各种金融会、互助会的通称；四是典当、担保、小额信贷、信托与租赁公司等非银行金融机构。

1. 民间借贷。

民间借贷作为一种自发的资金融通方式，在浙江民营企业之间比较普遍，民间借贷资金的短期用途主要是作为企业和个人的流动资金以及贷款"还旧贷新"的周转资金等，长期用途主要是房地产项目、资源性资产等的投资，而且每逢收紧国家宏观调控，浙江民间借贷的利率也会水涨船高。民间借贷对促进地方经济发展起到了拾遗补阙的正面作用，是浙江民营企业资金链中不可或缺的环节。但随着民间借贷范围的扩大，借贷关系的复杂化，以及借贷数目越来越大，因放款形式不规范而导致的风险也越来越大，不规范的、盲目的民间借贷行为对区域经济运行已产生了影响，一旦发生支付风险，容易引起连锁风险反应，甚至对整个金融体系产生冲击。

2. 银背、私人钱庄。

银背，本质上来说是信用中介人，一般不直接经营货币、为借贷双方牵线搭桥、从借贷双方收取不薄报酬的民间借贷的中介人。银背往往具有一定的资金实力，消息灵通，在一方有闲钱，一方缺少资金，但借贷双方都彼此不了解的情况下从中撮合，使得双方可商定利率成交，而银背从中获取手续费。随着民间金融的发展，银背转而变为赚取存贷利差，逐渐发展成为私人钱庄。

私人钱庄也是民间信用的一种形式，浙江地区的私人钱庄不同于广州、福建等地，主要为需求方和日常生活或正常生产经营提供相关短期资金需求，赚取利率差价，是民间借贷的重要方式。长期以来浙江的私人钱庄处于灰色地带，近几年来，随着《关于开展小额贷款公司试点工作的实施意见》的推出、《放贷人条例》的推进，私人钱庄逐步阳光化。相比银行和民间借贷，私人钱庄经营更加灵活，利率水平介于两者之间，服务质量和方便程度，都赢得了广大企业和商户的青睐，是民间金融重要的组成部分。同时，私人钱庄因为其长期的隐秘性，缺乏规范性，无法克服自身体制的缺陷，因此也很容易产生金融陷阱，引起民间纠纷。

3. 民间合会。

民间合会，是一种传统的合作金融组织，它是组织内部成员的一种共同储蓄活动，也是成员之间的一种轮番提供信贷的活动，满足成员之间民间借贷和资金互助的需求。合会这种民间理财方式的特点包括：入会者之间关系密切，有较强的道德约束；不需要抵押或者担保，手续简单方便；蕴涵着民间资本风险投资性质。因此民间合会具有一定的合理性，并且已有相当长的历史，具有广泛的群众基础，是一种不可忽视的理财活动，而在近几年随着会员数目的增加、相互了解程度的减少，趋利投机逐渐凸显，互助功能反而弱化，合会的风险就越来越高，不断出现"抬会"、"崩会"的情况。2010 年 9 月，在宁波宁海县就出现了日日会纷纷倒会，大会套小会，共有 5.4 亿元卷入"击鼓传花"合会风波。因此这种民间理财方式虽然已经为人们接受，但是还需要政府加强宣传合会风险，对其运作进行一些程序上的限制性规定，使之成为一种低风险的民间理财工具。

4. 典当公司、担保公司、小额贷款公司等。

民间资本充裕必然寻求多渠道的盈利方式，因此在浙江地区的担保公司、典当行、小额贷款公司等也成为民间资本进行灵活快捷理财的重要载体。浙江数量巨大、遍布全省、发达的民间金融机构是打造中国民间金融中心的雄厚基础。如截至 2010 年中，温州各类融资性中介机构已达 1340 多家，其中包括担保公司 150 多家、典当行 48 家、寄售行 360 家、投资（咨询）公司 780 家，估算年周转资金总量约 1880 亿元。浙江信用担保机构 378 家，已累计为 12 万家中小企业提供了 26 万笔担保贷款，担保贷款总额达 2000 多亿元；截至 2012 年底，浙江省正式开业营运的小额贷款公司有 241 家，注册资本总额为 576.02 亿元，贷款余额 746.59 亿元。

在业已形成一定规模的基础上，还形成了具有地方特色的理财方式，例如运行将近两年、逐渐成熟的中小企业再担保"雏形"——"浙江省中小企业成长贷款融资平台"。该平台发挥政府主管部门作用，浙江省中小企业局的组织协调优势，集中 10 家优秀担保机构"抱团增信"，与国家开发银行浙江省分行合作，利用国开行开发性金融充裕的资金，为浙江中小企业的发展提供资金支持（见图 7-5）。使浙江担保业进一步拓宽中小企业融资服务领域，打通与国家政策性银行的合作渠道。

（三）民间投资

民间投资有直接投资与间接投资两种方式，直接投资包括浙江民间资本热衷房产、能源、文化等各个行业投资，以及民营企业通过国内外证券市场直接融资上市方式；间接投资包括在多层次市场平台上的资本运作，建立综合性的金融交易市场（例如产权和股权交易平台），借助风险投资（Venture Capital，VC）与私募股权投资（Private Equity Investment，PE）创造民间财富。

现有发达国家成熟的资本市场是从民间自发的股权交易逐步发展而来，现代银行体制也正是从最初的私人借贷行为发展而来，因此在浙江建立民间财富中心的过程中，民间投资不再仅仅依靠直接投资和交易所市场，而应符合民间自发的符合市场经济规律的方式，建立多层次多种形式的资本市场和发展民间民营金融机构来实现。

1. 直接投资。

浙江的投资动态向来是各地民间直接投资的风向标，以温州民资为代表在全国各地各个行业的投资格外引人注目：2001 年，温州人组团开始进入上海、杭州购房；2002 年，全国能源紧缺，煤炭价格飞涨，温州民间资产流向山西，收购了山西省 60% 的煤矿；2003 年，棉花减产，棉价上升，温州 30 亿元民间

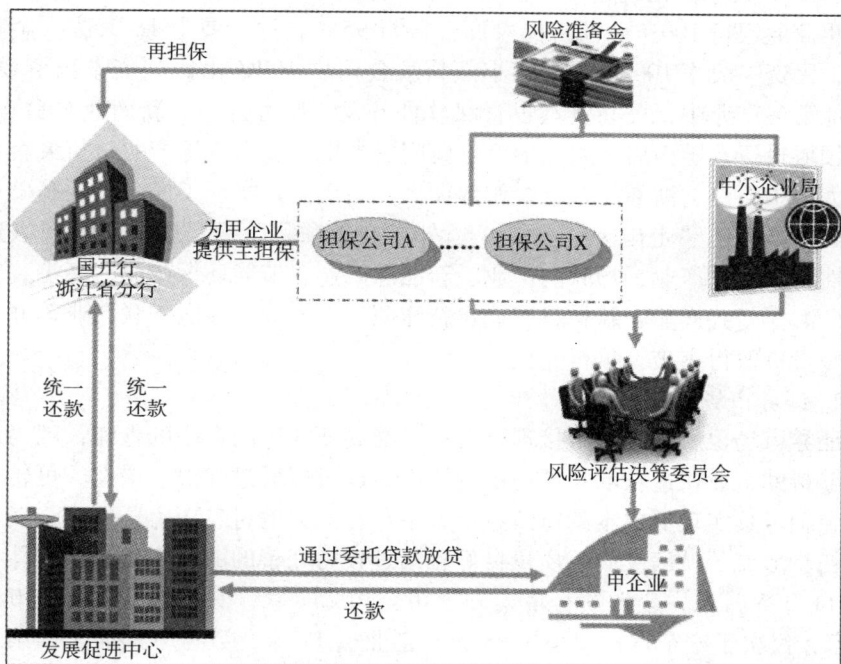

图 7-5　浙江省中小企业成长贷款融资平台运作机制

资本进入新疆收购棉花；2006 年，商品期货牛市，温州许多民资投向有色金属矿产；2007 年，石油价格上涨，50 亿元温州民资进入西部收购油井。

从这些投资行为可以看出资本的高度逐利性和运行独立性，民间资本在投资过程中一方面具有获得潜在的高额收益回报的可能性，另一方面也不可避免地会遭受各种各样的风险。因此民间直接投资具有自发性、盲目性、群聚性以及短视性等特征。就现在民间直接投资的产业布局来看，浙江产业结构分布存在着不合理性。据人民网 2010 年分析报告，目前民间投资仍然集中在一般竞争领域，比如房地产、批发零售、住宿餐饮、制造业和其他服务业等。尽管《关于进一步鼓励和促进民间投资的若干意见》提出要扩大对于民资市场准入范围，包括基础产业、基础设施、金融保险、文教卫生和公共服务五大领域，然而实际上，民间直接投资停留在银行、电力、石化、电信、民航等领域的边缘，依然缺乏有效渠道进入这些垄断行业。但是相比较其他地区，浙江民间直接投资依然走在前列。在金融等现代服务业上保持活跃，民间资本参股金融企业热情高，截至 2012 年末，浙江 11 家城市商业银行民间资本在总股本中的占比约 75%。其中占比超过 90% 的有 3 家，分别是浙江泰隆商业银行 100%、浙江稠州商业银行 100% 和浙江民泰商业银行 95%。如宁波市 18 家法人金融机构中，民资参股率 100%，16 家小额贷款公司也 100% 由民间资本出资设立。在其他第三产业中，民间资本也青睐软件开发、服务外包、新商业平台建设，文化领域投资在国内居于领先地位。民间资本也在进军资源产业，与央企合作力度大，中石油与浙商的合资合作数额大、层次高，实现了民企进入基础产业的突破。浙商还"走出去"投资了境外矿产类项目。投资新能源等新兴产业积极性高，生物产业、物联网产业、新能源产业、节能环保产业、高端装备制造业、海洋新兴产业、新材料产业、新能源汽车产业和核电关联产业等九大重点领域投资取得突破，争得先机。

2. 证券市场。

证券市场也属于民间直接理财之一，受到浙江民间资本的青睐，因为该方式能够帮助企业快速获取长期稳定的资本，还可以通过配股、增发、可转债等多种金融工具实现低成本的持续融资，不存在太大的付息压力。所以，浙江地区已初步形成了诚信度高、质量良好且治理较为完善的浙江上市公司群体。截至 2011 年 5 月末，全省共有境内外上市公司 257 家，其中 A、B 股上市公司 200 家，仅次于广东省；中小板 98 家，创业板 19 家，数量分别居全国第二和第三位；全省上市公司累计通过证券市场募集资金 2273.92 亿元。[①] 2012 年以来，浙江企业上市势头不减，截至 6 月最新数据，已新增 12 家上市公司，新增首发融资额 150.20 亿元，并有 8 家上市公司实施再融资募集资金 69.61 亿元。另外，浙江还有 8 家企业通过发审会审核等待发行上市，57 家企业申报材料已上报证监会，处于积极筹备及进入辅导期的企业大约在 300 家左右。浙江的上市公司数量不仅在全国居第二位，同时上市后备公司数量居全国第一，并且是以民营上市公司为主。不断扩容的浙江板块正加速崛起，作为提升浙江综合经济实力和国际竞争力的重点。

虽然浙江上市公司增长迅猛，但融资结构以银行信贷间接融资为主、直接融资比例相对偏低、证券化率还不高的状况仍然存在。2010 年全省非金融机构以贷款、债券、股票（包括境内和境外）三种方式融资总额的占比分别为 87.3%、4.24% 和 8.46%。按照 2010 年末收盘价，浙江省境内上市公司市值占地区生产总值的 47%，不仅远低于广东、上海、北京的水平，也低于

---

① 金涛. 浙江省境内外上市公司已有 257 家，5 年内力争新增 100 家. 浙江在线，2011 - 06 - 10. http://www.chinadaily.com.cn/micro - reading/dzh/2011 - 06 - 10/content_ 2857639. html.

66.7%的全国平均水平。这一方面反映了浙江作为民营经济、中小企业大省的特色，另一方面，也凸显了缺少真正引领一方经济发展、对经济发展起到龙头和支撑作用的大企业群体。浙江省金融办主任丁敏哲说，浙江推进金融强省建设，其中很重要的一个方面就是要形成全国领先的中小企业直接融资功能，使浙江成为全国中小企业上市数量最多，融资金额最大，上市资源储备最丰富，债券、票据市场健全，地方产权交易最活跃的地区之一。

据此，浙江加快了对重点上市企业的培育步伐。"十二五"期间，宁波市将保持200家左右的拟上市企业培育队伍，重点培育符合产业政策、具有发展潜力的高科技、高成长、高增值、新经济、新服务、新能源、新材料、新农业企业，创造条件使之成为优质上市公司，到"十二五"期末，该市境内外上市企业数量争取突破100家，首发融资和再融资金额超过500亿元。一度看淡资本市场的温州企业上市步伐也在加快。温州市金融办新近公布了第三批15家拟上市企业名单，此前已先后公布两批合计44家拟上市企业名单，其中2家企业已上市，至此温州共有57家企业排队等候上市。这些拟上市的企业将采取多渠道进行上市，或通过IPO、借壳等方式在国内A股、中小板和创业板上市，或赴境外上市。

131

3. 综合性的金融交易平台。

除了传统的民间投资和场内证券市场交易，浙江也在为拓展更广的民间理财渠道创造条件，打造具有初步雏形的区域性多层次综合性的金融交易平台：例如进一步拓展产权交易所，鼓励企业间并购，开展排污权竞价交易，全面开展黄金交易业务，开发建设工程招投标项目，开拓土地使用权交易业务，统一国有房屋租赁权交易市场，探索OTC柜台市场，推出全国首个未上市公司股份转让试点，摆脱了以往未上市股份公司因《公司法》规定和自身条件局限而难以便利融资的困境，从而为浙江省众多未上市股份公司的股份转让开辟道路。同时推出文化产权交易平台，为浙江打造"全国文化创意中心"增添一个重要的文化创意产业投融资平台。中小企业民间理财对于市场反应的敏感和快速，也促使了融资信息服务平台、浙江省创业风险投资引导基金平台、中小企业创业融资服务平台等区域性要素市场形成，推动金融要素合理流动，实现资源的优化配置，构建民间理财的金融公共服务平台。从根本上来看，这些综合性的金融交易平台的形成都是基于浙江地区的民间理财的需求和发展特点，这些平台也是围绕浙江省"十二五"金融业发展规划中"中小企业金融服务中心"和"民间财富管理中心"布局。

4. 私募股权投资。

私募股权投资（Private Equity Investment，PE），区别于股票、债券等主

流投资方式，是指通过私募形式对具有融资意向的非上市企业进行的权益性投资，在交易实施过程中附带考虑了将来的退出机制，即通过上市、并购或管理层回购等方式，出售持股获利。广义的 PE 涵盖了企业首次公开发行前各阶段的权益投资，即对处于种子期、初创期、发展期、扩展期、成熟期和 Pre – IPO 各个时期企业所进行的投资。狭义的 PE 是指对已经形成一定规模的，并产生稳定现金流的成熟企业的私募股权投资部分，主要是指创业投资后期的私募股权投资部分，其中主要包括成长资本、并购基金和夹层资本（见图 7 – 6）。

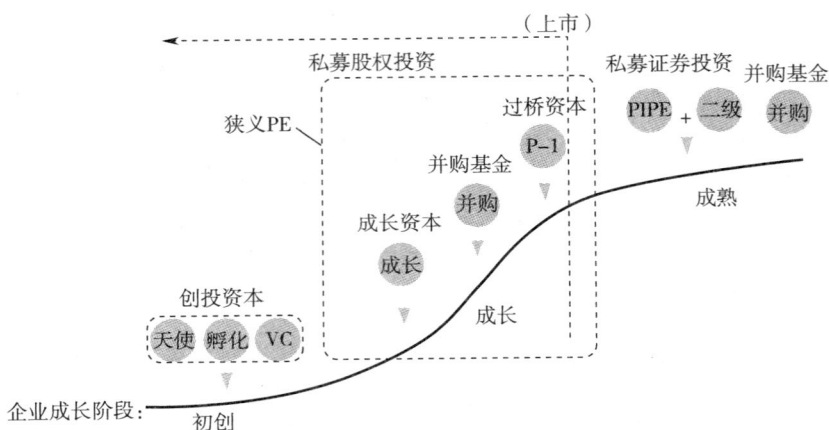

图 7 – 6 私募股权投资分类图（中国）

私募股权投资基金即专门从事私募股权投资的基金管理公司，私募基金通常只面对少数有实力的投资者，且追求的是长期的资产增值和产业发展前景，侧重于发掘未来潜在新兴市场。这种民间理财方式在中国推出新的有限合伙法后引发浙江民资兴趣，并且 PE 带给企业的"资金 + 价值创造"的理财观念也颠覆了简单入股、投钱的投资方式，因为 PE 除了能够为企业提供更灵活的融资渠道，并且能通过绩效改进、并购、上市等使企业更上一层楼，PE 从本质上属于间接金融中的投资性中介机构。

根据清科研究中心的数据，2010 年中国本土创业投资机构前 20 强中，浙江占 3 家，前 50 强中，浙江占 6 家。截至 2011 年上半年，浙江已有各类股权投资基金管理公司 507 家，仅杭州已经吸引了 70 多家私募股权投资基金入驻，管理资产总规模达 632 亿元，全国 20% ~30% 的基金募集资金来自浙江或有浙江背景的投资者，股权投资额排名全国前列，备案创业投资和股权投资机构数量、管理资本量和投资项目数均居全国各省前列。浙江成为中国私募股权投资活动最为活跃、发展最为迅速的省份之一，目前浙江省已成为全国私募股权投资基金第四大集聚地。浙江资本充裕是中小企业发展的优势，但做投资缺乏必要的规范操作，尚未形成品牌化的集团军和正规军。在搜寻项目和抢夺项目等前端能力上有较强能力，但是资金实力参差不齐，缺乏优秀的 PE 人才，绝大多数民营 PE 都不涉足管理环节，而重点放在如何帮出资人找到可靠投资项目赚取高收益，由此滋生了大量的 PE 掮客，不是去长期投资一家具有前景的企业，而更多是追求短期高回报率的风险投资，民间资本发达却疏于合规管理，投资泡沫隐患悄然升腾，特别是创业板推出后，大多数的私募股权基金开始将创业板视为高回报套现的渠道。根据易观国际发布的统计数据，截至 2011 年5 月 30 日，创业板共有 221 家公司上市，其中有 134 家公司的股东名单中出现了股权投资机构的身影，占创业板上市公司总数的 61%。政府引导基金引导民间资本扶持产业发展，依然受困于"市场化运作"难题，如果实现不了私募股权投资的资本中要间作用，必然在下一波中要遭受洗牌。

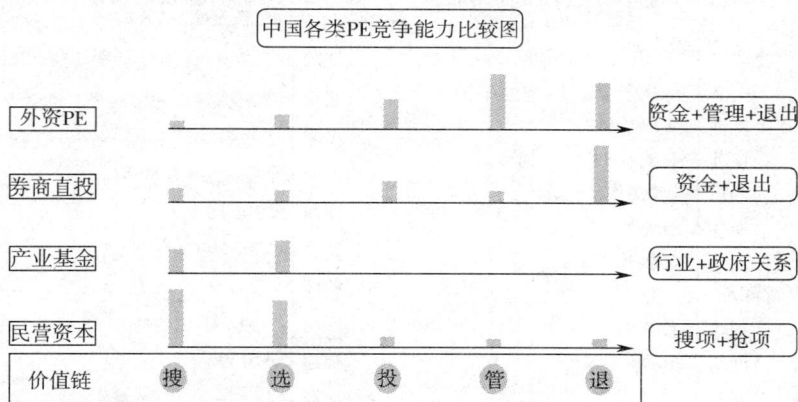

图 7 - 7　国内各类 PE 的竞争能力比较

另外通过横向数据发现（见图 7 - 8、图 7 - 9），浙江地区的私募股权投资规模虽然环比从 810 万美元增长到了 18119 万美元，但是与北京、上海、江苏等地仍有一定的差距。

三、浙江民间理财的政策思考

（一）采取切实有效措施打破行业垄断

为此，一是要政企分开，转换政府功能；二要从"新 36 条"鼓励民间资

2010年上半年投资案例数分布：75
北京 24
上海 10
江苏 6
广东（除深圳） 5
山东 4
湖南 4
浙江 3
其他 19

2010年上半年投资规模分布：2217US＄M
北京 590.9
上海 470.59
江苏 271.09
广东（除深圳） 136.42
山东 21.86
湖南 31.62
浙江 8.1
其他 686.65

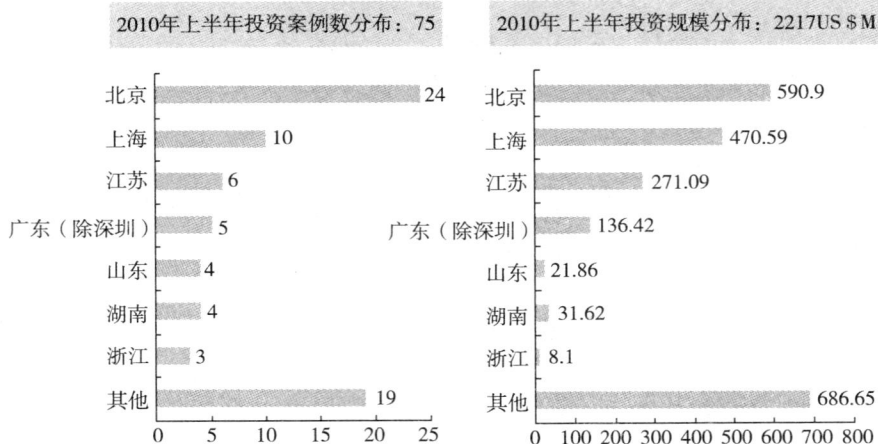

图 7-8 2010 年中国上半年 PE 投资情况

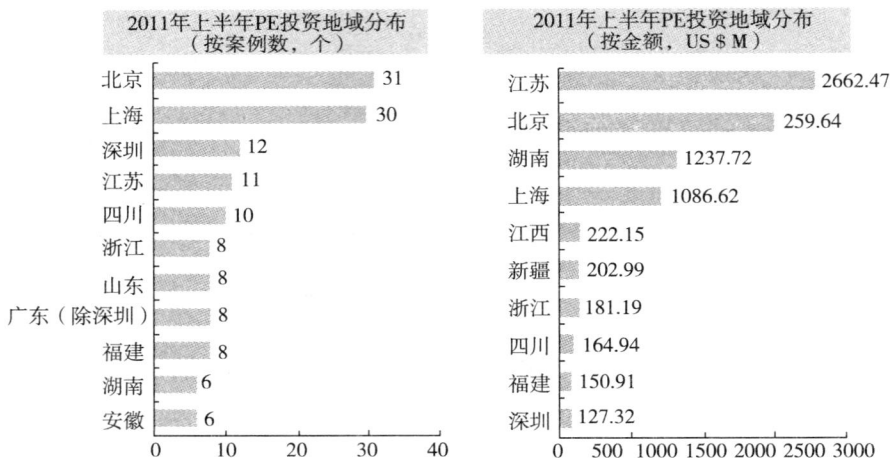

2011年上半年PE投资地域分布（按案例数，个）
北京 31
上海 30
深圳 12
江苏 11
四川 10
浙江 8
山东 8
广东（除深圳） 8
福建 8
湖南 6
安徽 6

2011年上半年PE投资地域分布（按金额，US＄M）
江苏 2662.47
北京 259.64
湖南 1237.72
上海 1086.62
江西 222.15
新疆 202.99
浙江 181.19
四川 164.94
福建 150.91
深圳 127.32

资料来源：清源研究中心，http：//research. pedaily. cn/doc/139. shtml。

图 7-9 2011 年上半年中国 PE 投资情况

本投资的八大领域内，推出一批具有投资价值的大项目、好项目公开招标，吸引民间资本进入，除了少数特殊行业外，均应尽快实现市场化；三要吸引央企优势产业、高端项目落户浙江，参与构建一批省级产业集聚区，打造一批现代服务业集聚示范区和现代农业园区，培育一批中心镇和小城市，吸引央企参与浙江省综合交通、能源、水利、信息网络等基础工程建设，坚持引资和引智、

引技并重 。

（二）加快完善产业政策和资本服务平台体系指引和投资中介服务

一是为培育"民间财富管理中心"积极引进基金公司、信托公司等国内外大型财富管理机构落户浙江，同时培养本土的证券公司、期货公司等各类财富管理机构，形成全国领先的财富管理机构聚集区。合理引导民间资本流向，实现资本有效转化，使浙江成为全国创业风险投资机构最活跃、本土创业风险投资机构数量最多、全国私募股权投资基金和产业投资基金最活跃的地区之一。二是要通过建立平台，引导民间资本反哺实业，反哺产业的转型升级，实现创业投资引导资金。

（三）构建多层次多种形式的资本市场建设推动直接理财

凭借各类正规和草根金融机构所形成的间接理财无论是在内容上还是规模上已经形成一定规模，但是民资直接理财的方式单一，比例较低，渠道有限，因此应充分利用多层次资本市场，提高直接融资比例，多渠道推动具备相应条件的优秀民营企业实现上市。浙江在大力发展成熟证券市场的同时，应积极探索场外交易市场，积极培育产权、股权市场，以满足不同类型、不同层次企业的发展需求。

135

第八章 浙江民间财富管理中心建设研究

浙江省"十二五"金融业发展规划中指出，浙江金融业在"十二五"期间发展的战略重点是打造"两个中心"，即中小企业金融服务中心和民间财富管理中心，通过"两个中心建设"，构建具有浙江特色"金融强省"的功能支撑体系、空间支撑体系和服务支撑体系。规划进一步指出，民间财富管理中心的功能定位是形成全国领先的财富管理机构聚集中心、民企总部金融服务中心、创业投资管理中心、产业投资管理中心、财富管理服务创新和政策创新等。

浙江是全国民间资本与财富最为富裕的地区，浙江打造民间财富管理中心，既是基于浙江民营经济大省的实际情况和民间资本与财富管理的实际需要，又是立足于新一轮经济社会发展中浙江实现产业转型升级，全面构建"大金融"产业架构，做强服务产业，全面建设小康社会的需要。

一、浙江民间财富管理中心的内涵及国际比较

(一) 民间财富管理中心的内涵

1. 民间财富管理中心的概念。构建浙江区域民间财富管理中心，第一要务应当是明确宁波区域金融中心的内涵，具体来说是指，民间财富管理中心隶属现代金融服务业发展体系，以杭州、宁波、温州等中心城市为依托，服务于中小民营企业和私营企业的专业性区域中心，集聚众多的国内外金融机构，构筑多层次资本市场和现代金融市场体系，使得浙江成为长三角甚至全国的民间财富集散和融通枢纽。民间财富管理中心应具备金融机构多样化、金融业务市场化、融通资金多样化、营运手段现代化等特点。其概念核心有三：

（1）民间财富管理中心定位为专业型的区域中心。浙江民间财富管理中心定位于专业型的区域中小私营企业金融服务中心，同时通过航运金融和离

岸金融，形成辐射长三角，影响全国的开放式企业金融服务中心。服务对象主要是中小民营和私营企业，包括中小企业的成长与发展，需要一个从创业孵化、财务咨询、融资辅导到资本经营和投资管理等一系列的多元金融服务框架。

（2）民间财富管理中心属于混合发展型中心。浙江民间财富管理中心是在经济发展和政府合力作用下形成和发展的，属于混合型发展模式。由于浙江民间财富爆发式增长对金融服务的"量"和"质"都产生了更高的要求，为了弥补经济发展对金融引致缺乏时间效率的缺陷，依托已有的经济成就和区域优势，借助政府力量，通过政府部门的人为设计、强力支持，形成超前的民间财富管理中心，为本地经济创造良好的金融环境，对本地经济发展起到先导作用。

（3）民间财富管理中心定位于服务创新平台。民间财富管理中心主要涉及财富管理机构聚集、民企总部金融服务、创业产业投资管理、财富管理服务创新等维度上的建设和创新突破。财富管理中心以民间财富为基础，以金融产品创新实现金融资源配置优化，融资形式的多样化是融资主体多样化的必然要求。

2. 民间财富管理中心要素。民间财富管理中心对产业经济发展、调整乃至企业经营运作发挥了资本聚、散纽带的资金配置功能，提供了一种财务与效率的支持；同时一个发展充分、运作高效的财富管理中心对于区域现代经济结构也是非常重要的。

（1）历史要素。浙江是实力雄厚、信誉卓著的浙江兴业银行、浙江实业银行的诞生地，更有一度名噪一时的"江浙财团"和"浙江帮"叱咤风云，民间财富管理中心在浙江地区具备了一定的社会历史基础。

（2）城市要素。浙江地处交通枢纽，符合民间财富管理中心通常处于商业集中、资本集中、金融业集中地区的特点。大多数民间财富管理中心既是金融财富中心，也是商业中心。例如杭州是中小企业资金和资本集聚、扩散和配置中心，而宁波位于长江经济带与沿海经济"T"字形交会处，是长三角城市群的重要中心城市和长三角南翼经济中心，港口资源得天独厚，这就为搜集、交换、重组信息带来极大优势。

（3）供给要素。就供给要素而言，民间财富管理中心包括经营许可证、资金、专业人力以及运营场所等要素。经营许可证的成本与一个国家或地区的创业审批制度的效率负相关，与金融管制的程度正相关。通常业务限制少或放

松管制从某种程度上更加促进一个金融中心的形成。① 资金是金融机构最重要
的供给因素，资金要素还包括配套的政策规章的保障。专业人力要素是最重要
的竞争优势，具备多种类型的人力资源、高学历的人才层次，对民间财富中心
的发展有着很强的吸引力。良好的城市环境、生活质量则成为财富中心运营平
台及场所的影响因素。

（4）科技要素。金融科技带动着民间财富管理中心的成长，是否能够研
发、使用、普及运用全国甚至国际范围内的通信及交易平台设备，将对中心的
辐射聚集作用产生直接影响。

（5）经济要素。财富管理中心建立在经济发展基础之上，因此中心的建
立受经济环境、制度结构影响。浙江地区内源性的经济发展是中心形成的必要
条件，反过来又会影响中心建设中的供给要素。

（6）政策要素。民间财富管理中心在形成过程中需要政策要素护航。尽
管浙江地区属于混合型的金融中心，但是政府仍处于主导地位，需要通过政府
承诺、政府立法、政府推动、政府监管等，来降低经营机构成本、进行人力资
源开发、提供公共设施配套、增强市场透明度。

（二）国外民间财富管理中心的比较分析

国外民间财富管理中心研究类似于金融中心研究，因此这部分将对几个较
为典型的金融中心进行比较分析。从最新的"新华—道琼斯国际金融中心发展
指数"（IFCD + Index）显示，从金融市场、成长发展、产业支撑、服务水平、
国家环境五个方面对金融中心城市进行全面考察，通过客观测度和主观评价相
结合的方式对全球45个主要城市进行了排名。其中，2012年，排在前10位的
分别是纽约、伦敦、东京、香港、新加坡、上海、法兰克福、巴黎、苏黎世、
芝加哥。

纵观金融财富中心的发展历史，从发生形态、市场结构、金融体系及政府
政策等来看，分成三类（见下表）：第一类是市场导向型。如伦敦、纽约、东
京、法兰克福，这些地区的经济贸易高度发达，现代化水平高，由此促进了该
地区金融中心的形成。第二类是金融环境宽松型，也体现了政府主导型的特
点。如中国香港、巴林、巴哈马等地，由于金融税收政策宽松、管理灵活，使
得世界许多金融机构入驻，开办离岸金融业务，推动了当地金融的快速发展。
第三类是地利优势型。如开罗、曼谷等，虽然金融水平、经济水平都不是特别
高，但是优越的地理位置、与周边国家稳固良好的经济联系，成为区域性的金

① 冯德连，葛文静. 国际金融中心成长机制新说：轮式模型 [J]. 财贸研究，2004.

融中心。

类型	特征	典型代表	特点
市场导向型	当地经济发展带动发展起来的金融中心	伦敦、纽约、东京、法兰克福	这些地区的经济、贸易高度发达，现代化水平很高
金融环境宽松型	金融中心的形成不完全依赖当地经济的发展	中国香港、巴林、巴哈马	这些国家或地区初始时经济发展水平不高，但由于宽松的金融税收政策和经济政策，吸引世界许多银行和金融机构以及跨国企业的总部在此聚集，从而带动了本地经济的发展
地利优势型	金融中心的形成是借助于优越的地理位置和与周边国家或地区广泛的稳固的经济联系	利雅得、开罗、马尼拉、曼谷	经济金融水平不高、金融环境也不宽松

二、浙江民间财富管理中心建设的目标体系

民间财富管理中心应是民间财富管理功能在该区域的集中发挥。浙江打造全国领先具有国际影响的民间财富管理中心，必须在社会财富管理机构集中度、民间资本转化能力、财富管理工具创新力、政策支持与基础设施保障能力等方面确立全国领先的功能定位。因此，浙江民间财富管理中心建设的目标应是形成全国领先的民企总部金融服务基地、财富管理机构集聚区、产业与创业投资管理中心、财富管理服务创新区、财富管理的政策支持与基础设施保障示范区。上述目标可以从区位结构、产业结构、市场结构和基础设施结构四个维度进行分解。

（一）区位结构目标

区位结构目标包括整体在其更大区位中的结构性定位，以及内部各区位的结构性定位与发展等建设目标。

在全国范围内来看，浙江民间财富管理中心建设是依托上海国际金融中心，是在上海国际金融中心建设的背景下，立足浙江，发展相对优势，实现与上海本地及长三角区域其他中心城市（主要是南京）的错位发展和优势互补。因此，从全国视角中区位建设定位目标应是依托上海国际金融中心建设大背景下，建设民间财富管理的专业化金融中心。

从整个浙江范围来看，民间财富管理是一个有机整体，即在空间上实现浙

江省内各区域金融中心的互动发展。因此，浙江民间财富管理中心建设的内部区位目标是建设杭州民间财富管理核心中心和宁波、温州民间财富管理副中心，以及其他若干民间财富管理集聚区，并形成中心带动、区域互动、特色明显、共同发展的立体式民间财富管理体系。

（二）产业结构目标

产业结构目标是民间财富管理建设目标中的核心目标，它包括至少对民间财富管理资源、民间财富管理产业链、民间财富管理产品与业务三个方面的表述。

（1）民间财富资源集聚。即形成若干的有层次的民间财富资源区。首先是金融机构集聚，大量的银行、证券、保险、信托等金融机构，以及外资金融机构或外资金融机构的财富管理总部集聚；其次是民间资金大量集聚，在此寻找投资、理财的渠道；最后是企业总部或财务管理总部大量集聚。民间财富资源的大量集聚，为民间财富管理提供最基础的要素与市场。

（2）民间财富管理产业链完整。一方面是金融机构体系完整，不同类型金融机构特别是非银行金融机构等均在体系中占据合理的份额，各类型金融机构体系协调发展。另一方面，财富管理自身的由产品研发、产品设计、产品推广与终端销售等组成的产业链体系完整，有发达的产业链内在网络。

（3）民间财富管理产品与业务丰富。作为国内民间财富管理的专业化中心，应具有全国民间财富管理产品与业务门类最为齐全、产品交易与业务量最为庞大的目标状态。同时，产品的开发、推广与业务发展模式等成为民间财富管理业务的示范。

（三）市场结构目标

形成立体化的区域金融市场，包括资本市场和货币市场两大市场。发展集未上市股权交易、各类产权交易等在内的综合性产权交易市场，形成全国最为发达的 PE 和创投市场，最终形成立体式的多层次资本市场；建设浙江区域金融资产交易市场，实现规模化、多样性的证券化金融资产交易；同时建设好区域统一的票据市场、短期资金融通市场等货币市场，为区域多层次资本市场和金融资产交易市场的发展提供融资保障。

（四）基础设施结构目标

形成完善的区域民间财富管理基础设施，政策上发挥促进民间财富管理发展的引导作用。建立区域投融资信息平台，实现民间财富管理供需双方信息的充分、及时发布。加强区域金融市场的基础建设，进一步建立完善的支付结算体系，建设区域良好的信用体系、金融培训与研究开发体系。

三、浙江民间财富管理中心建设的基础与条件

（一）浙江民间财富管理中心建设的基础

在浙江财富管理中心建设中，杭州将成为长三角南翼最重要的区域金融中心，成为在全国有影响力的中小金融机构总部集聚区、财富管理机构集聚区和金融服务外包等公共服务基地。宁波则将成为对接上海、服务海洋经济的重要区域性专业金融中心，在航运融资、航运保险等方面，形成航运金融服务特色品牌。民间资本活跃的温州则将致力于被打造成连接两大经济区、服务民营经济的重要区域性专业金融中心，凸显其在民营企业投融资方面的先行示范作用。

杭州的金融服务涉及面广，金融业发展势头迅猛，金融生态环境良好，2012 年，金融总量和金融综合竞争力均位居全国大中城市第五位，已初步勾勒出"民间财富管理中心"新地图。

（1）金融创新和投资活动具有产业导向特征，有利于民间资本向产业资本转化。杭州地区以民营经济为主体，区域产业集群为特色，市场意识强，具有创业环境，积累了丰裕的企业家资源，实现了资本的原始积累，因此杭州作为区域金融中心，一直以来侧重于承接金融中心基础金融价格形成和信息传播，强化与实体经济的联系，缓解了投融资的缺口。特别是针对中小企业众多、创业创新对资金需求强烈的特点，通过搭建平台，发展创投和产业基金，形成多样化金融投资需求与产业转型升级资金需求的有效对接。

杭州市自 2008 年以来，设立政府创业投资引导基金，成立创业投资服务中心等，政府引导基金带动效果明显，创投服务中心作用初步显现，创业投资迅速发展，引导放大的效果凸显，通信、网络产业、IT 服务业等主要是种子期培育项目，也包括传统制造业、媒体和娱乐业、金融服务业等成长和成熟期培育项目，有力地推动了产业的支持，主要是发展文化创业、旅游休闲、电子商务、物联网、生物医药、节能环保、新能源等十大产业，符合杭州市的产业转型的要求。2011 年杭州产业的增加值达到 3050 亿元，增长 13.6%，占全市生产总值的 13.9%。除此之外，债权基金发展迅速，股权投资运作也积累了运用经验。在这个过程中更重要的是吸引了优秀的人才和优质的创业资本。

（2）持续向好的金融生态环境，为金融资本转化奠定基础。杭州金融总量迅速扩大，金融业占 GDP 比重位居全国前列，成为资金的主要流入区域。同时，杭州金融生态一直保持在全国前三位置，杭州银行业不良贷款率一直处于全国最低水平，而资产利润率明显高于全国水平，所以杭州市成为金融机构

141

争相进入的福地，形成大小金融机构并存的有效竞争结构。

杭州一直以来重视多层次资本市场的建设，杭州已经有96家上市公司，同时也不断涌现出各类金融创新，既有政银企合作的供应链金融合作，也有金融仓储类金融企业合作，还有股权投资的风险投资基地，也有在组织体制创新基础上的集合债创新。既有面向农村的村镇银行，也有面向科技创新的科技银行机构，既有融入政府资金和信用的信用担保体制创新，也有投资基金和资产管理服务平台的创新市场。因此，高度的金融集聚和金融创新为民间资本向金融资本转化奠定了坚实的基础。

宁波民间资本充裕，在民间资本市场准入等问题上走在全国前列，在进入基础设施建设上开了较好的先例，并且产业集群化的长期发展也为建立民间财富管理中心铺路搭桥，资本产业化的需求进一步推动了财富管理中心的建设。

（1）践行"非禁即入"原则，激发资本活力，推动民间财富管理中心建设。宁波支持民间资本进入实体经济、基础设施项目、新兴战略行业等领域，激发民间资本活力，民间资本在银行、保险、电信、民航等领域试水。鼓励引导民间资本进入金融领域、参与地方金融机构重组、参股村镇银行、组建小额贷款公司等新型金融组织；支持民间资本发展股权投资、融资担保性公司。进一步拓宽了民间资本的投资渠道。

（2）金融创新持续发展，多层次资本市场初见成效，有利于建设民间财富管理中心。宁波鼓励有条件的企业充分利用多种方式从债券市场筹集资金，积极推动小企业私募债发行；探索发展"区域集优"中小企业集合票据融资模式，组织引导中小微企业通过银行间市场发行中小企业集合票据、短期融资融券。

金融和信息支撑体系不断完善，主动融入上海"两个中心"建设，累计引入各类金融机构182家、股权投资机构70家，金融机构存贷款余额双双突破1万亿元，光大证券、上期期货、泛华保险公估、东来股权投资等一批知名金融机构进驻宁波。在完善区域金融组织体系上，宁波以做大做强总部金融为核心，大力引进各类金融机构、中介机构，对新设立或引进的金融机构积极予以扶持。加快总部型金融机构的培育与重组改制，积极推进城市商业银行通过增资扩股、上市融资和引进战略投资者等途径加快发展。

（3）块状经济特色的产业集群式发展，有利于资本产业转向。作为全国经济发展最具活力的地区之一，宁波的块状经济发展规模日趋庞大，产业结构调整步伐加快，发展环境不断优化，在加快推进宁波块状经济向现代产业集群转型发展中，市场主导与政府引导相结合，创设和完善有利于产业集群的机制和政策。因此在市场主导方面，要进一步充分发挥民间资本的作用，加强融资服务平台和中小企业信用与担保体系建设，建立有利于产业集群发展的投融资体制。

（4）海洋经济"蓝色引擎"推进。宁波发挥海洋资源优势，积极推进海洋经济发展。2011 年全市实现海洋经济增加值 958.6 亿元，同比增长 12%，占地区生产总值比重达到 15.9%。目前，宁波已经形成了以临港工业、港口物流为主导，以滨海旅游、海洋化工等海洋高技术产业为引领，以海洋捕捞、近海养殖为基础，以港口贸易、金融等为配套的现代海洋产业体系，"三位一体"港航物流服务体系逐步形成。大宗商品交易平台启动运作至今已初具规模，阴极铜、PTA 两大品种开市交易，原油等品种市场交易量位居全国前列。目前，宁波已成为连接长三角地区和海西经济区的重要交通枢纽城市。

温州以"温州模式"以家庭经营为基础的民营经济发达，存在着大量的特色市场，带动了民间资本的内生性增长，温州民间资本也致力于国际化扩张，随着金融改革试点的推进，温州的金融生态也将逐步优化，这些都促使民间财富管理中心的快速推进。

（1）温州金融改革释放制度红利。温州金融改革试点使得中国金融制度改革向前推进，温州试点的核心在于民间资本的规范化，因此需要通过建立中小企业金融服务中心、民间财富管理中心等平台助推金改。十八大报告中也提出"加快发展民营金融机构"的重大决策和部署。温州也随即发布金融综合改革试验区实施方案，提出支持民间资金参与地方金融机构改革，鼓励民间资金根据有关规定发起设立或参股村镇银行、贷款公司、农村资金互助社等新型金融组织，因此温州具备了"天时"条件。

（2）二元金融结构延展了资本的活跃度。体制内外的两个市场的并行发展在温州尤为凸显，这种二元的金融结构与当地个私经济、中小企业的发展史相辅相成的，起到补充融资、风险投资和优化融资结构的重要作用。尽管二元金融机构给温州金融生态带来一定的影响，但是在"新 36 条"引导的背景下，温州民资在一个合适的金融平台上集聚并接受政府的引导，就会加速温州的产业结构调整和转型升级，搭建一个民间资本与项目对接的服务性平台，这将会促成二元金融结构共同孵化和推动温州的经济发展，因此温州兼具了"地利"和"人和"条件。

（3）民间资本国际化积累。温州民间资本充裕，对外直接投资有需求，同时温州市场国际化试水较早，其民间资本国际化已经呈现成本低、具备一定的规模、产品性价高的特点，更重要的是在区域中会形成温州集群等优势，体现出"小资本、大生产、大市场"的特点。根据国务院要求，温州将研究开展个人境外直接投资试点，探索建立规范便捷的直接投资渠道，开启个人境外直接投资时代，这对于支持民间资本疏导引流发展意义深远。这个过程需要建立政府、金融、民间三者间的平台，从而使集群内部的资本相互学习、共享信息，实现分工协作，在生产上能够达到规模经济，在开拓国际化市场时具有优势，并且通常浙江民间资本集群还会开拓国外专业市场，扩展产品的销售平台，实现民间财富的国际化路径。

（二）浙江民间财富管理中心建设的有利条件与不利因素

将浙江打造成民间财富管理中心，具有如下有利条件：

（1）民间资本充裕。不言而喻，丰富的资本资源是建立民间财富管理中心的先天有利条件。浙江是中国民营经济的发源地之一，一直是私营经济比较发达的地区。1980—2002 年浙江民间投资年增长为 25.2%。数据显示，浙江民间投资已稳定占据全社会固定资产投资的半数以上，明显高于国有投资，如何高效、有序地的让民间资本流动成为建立财富中心的重要原因。

（2）政府政策支持。在第一章里已经阐述了我国民间资本发展的政策变迁，体现了国家政策对民间财富的关注及重视，尤其自 2010 年以来鼓励浙江地区的民间资本发展政策，包括"非公经济 36 条"放宽市场准入的政策规定，推动转型升级，参与国际竞争等，并推出细则细化为 40 项明确而具体的工作任务；随后交通运输部门、医疗机构、国企改革机构、银监会、证监会等推出的各种指导、实施意见的出台，都将有效促进民营投资发展进入新的阶段；温州、丽水金融改革则将带动整个地区的金融改革，从而优化金融生态，这也为建立民间财富管理中心带来了机遇。

（3）区域优势。浙江地处长三角区域经济圈，一体化基础较好，国务院在长江三角洲的区域规划中明确指出战略定位，将围绕上海国际经济、金融、贸易和航运中心建设，打造在亚太乃至全球都有重要影响力的金融服务体系，在此背景下，杭州、宁波、温州作为长三角地区的重要节点，具有良好的地缘优势。而根据浙江省对各地的定位，杭州将建设成长三角南翼最重要的区域金融中心、上海国际金融中心最重要的次中心；宁波则建设成为呼应上海国际金融中心、国际航运中心的航运金融服务中心；而温州则建设成为服务民营经济的区域性专业金融中心。

浙江打造成民间财富管理中心，同时存在如下有利因素：

（1）金融集聚和扩展能力有限。浙江地区的金融集聚及扩展能力，从发展总部型的金融机构来说，与全国相比仍有一定差距，要形成民间财富管理中心，必须具备金融机构集聚度，这对浙江的金融软环境无疑是一个挑战。而吸引金融网点驻扎，需要降低成本和提高未来回报的可能性，还需要一个比较好的平台，因此需要构建一个金融机构所需要的环境，有强大的对金融资源的需求，还包括人才的聚集。一份由浙江大学金融研究院等出炉的《浙江省"十二五"金融业发展规划研究》显示，"十二五"期间，要使浙江成为全国中小企业产业投资最活跃、中小企业金融服务最齐全的地区之一，这意味着要吸引大量浙江省外资金进入浙江金融体系。也就是说，尽管浙江地区已经具备了较多的潜质，但是仍需要加强内在的动力机制建设。

（2）平台服务能力有待增强。各类平台服务体系建设有待进一步加强。随着地方经济的快速发展，社会金融消费需求不断增加，对金融服务提出了更高的要求。从长期来看，仍需不断完善金融平台服务体系，进一步丰富金融市场主体，提升金融服务能力。金融平台创新能力有待进一步提高，对市场适应能力有待增强，平台在运作中存在着两个问题：一是同质化，业务模式大同小异，特色服务、错位竞争的理念尚未真正确立；二是对外部市场的分析把握不够，市场细分能力有待加强，缺乏长远的战略规划等。因此在民间财富管理中心建设过程中需要注意及避免这些问题。

（3）金融产品不够丰富，金融投资欠活跃。作为一个财富管理中心，其重要的特征就是具有丰富的金融产品，通过组织化及高效率市场，实现资源的有效配置。因而建立一个财富管理中心，既能够吸引全国的金融产品在本地的营销，也能够根据本地经济和产业特征，创造相应的金融产品，满足区域市场需求，从目前来看，并未有清晰的风险分层和产业差异，例如没有针对杭州、温州、宁波三地有区别设计的产品，以及相应的组织和秩序规范，这在民间财富中心建设中还需完善。

四、浙江民间财富管理中心建设的政策建议

（一）以"新36条"为指引，明确民间投资发展方向，促进民间财富的产业化投资

2010年5月13日，国务院正式公布了《关于鼓励和引导民间投资健康发展的若干意见》，鼓励和引导民间资本进入法律法规未明确禁止准入的行业和领域。规范设置投资准入门槛，创造公平竞争、平等准入的市场环境。"新36条"明确界定政府投资范围，即主要用于关系国家安全、市场不能有效配置资源的经济和社会领域。对于可以实行市场化运作的基础设施、市政工程和其他公共服务领域，应鼓励和支持民间资本进入。包括鼓励和引导民间资本进入基

础产业和基础设施领域，如鼓励民间资本以独资、控股、参股等方式投资建设公路、水利工程、电力、矿产等基础资源，港口码头、民用机场、通用航空设施等项目。鼓励和引导民间资本进入市政公用事业和政策性住房建设领域。鼓励和引导民间资本进入社会事业领域。鼓励和引导民间资本进入金融服务领域。鼓励和引导民间资本进入商贸流通领域。以及鼓励和引导民间资本进入国防科技工业领域等。

浙江作为民营经济大省，积极贯彻落实"新36条"，通过《浙江省关于鼓励和引导民间投资健康发展的实施意见》，第一次提出民间资本投资在浙江投资当中的主体地位和作用，扩大民间资本可投资的范围，大力发展、创新发展地方性的金融机构。同时，省内宁波、温州等地也都颁布《鼓励和引导民间投资健康发展的实施意见》。接下来，政府应加大宣传和政策的透明度，积极保护民间资本的利益，促进民间资本主动投资，并形成良性的资本投融资运行机制。

（二）合理规划民间财富管理集聚区的空间布局，以金融服务的专业化分工与合作为基础，突出中心，发展优势，形成网络

1. 立足各地优势，以专业化分工和合作为基础，合理明确省内各区域在民间财富管理中的发展方向。分工与合作是相辅相成的，合作促进分工，分工深化合作。在浙江民间财富管理中心建设中，各地都有自己的优势和区域金融特色。因此，在省一级就民间财富管理中心建设进行总体布局下，各地应根据自身优势和特色，形成自己的合理定位，明确自身的发展举措。

2. 着力推进杭州民间财富管理核心集聚区建设。杭州应把民间财富管理核心集聚区建设作为建设长三角南翼区域金融中心的核心内容，提升金融综合服务实力，构建银行、证券公司、保险公司、信托公司、基金（包括各种股权投资机构）公司、期货公司、金融租赁公司、新型金融机构等完备的现代金融机构总部体系，推进杭州民间财富管理总部基地建设，积极吸引国际著名的金融机构来杭州设立财富管理总部，提升对民营企业总部的综合金融服务能力，并发挥杭州在民间财富管理产品设计开发中的主导作用和杭州在全省民间财富管理产品与技术中的扩散作用。着力发展覆盖全省及至长三角区域的区域性多层次资本市场、区域综合性产权交易市场和区域金融资产交易市场，为浙江省民间财富管理中心建设提供基础性的市场平台。

3. 推进宁波、温州的民间财富管理特色化集聚区建设。依托宁波丰富的港口和海洋经济资源，在浙江海洋经济总体规划的指引下，将宁波发展成为以离岸金融、航运金融、贸易金融为特色的民间财富管理特色化集聚区；依托温

州最为丰富的民间资本资源，将温州发展成为以 PE 和创业投资为特色的民间财富特色化集聚区。

4. 建设若干民间财富管理的特色化次中心和专业化服务基地，并形成全省性的民间财富管理网络。根据省内各地的民间资本与金融特色，因地制宜地发展本地民间财富管理机构和创新性业务。同时，部分地区可依托民间财富管理中心和副中心建设，发展专业化的财富管理后台服务基地。民间财富管理中心、副中心、特色化次中心及专业化服务基地之间的分工与合作，形成全省性的民间财富管理网络。

（三）积极培育和引进民间财富管理机构，发挥民间财富管理资源的集聚作用

1. 放松管制，积极引导民间资本进金融领域，提高民间财富管理的主体服务能力。放松对省内民间资本进入金融领域的限制，支持省内民间资本参与地方性金融机构的改革与发展，支持省内民间资本参股省内外城市商业银行、农村商业银行、农村合作银行、证券公司、保险公司、基金公司、期货公司、信托公司、村镇银行、小额贷款公司、农村资金互助社及其他金融机构（组织）。积极支持民间资本发展股权投资、创业投资，以及信用评级、财务顾问等中介性金融服务机构或组织。

2. 发展多样化法人金融机构，完善民间财富管理的主体机构体系。重视培育浙江省内法人金融机构，特别是要培育当前浙江省内没有或较为缺乏，但与民间财富管理直接相关的金融机构，如证券投资基金公司、股权投资机构、各类资产管理机构等。重视引进国际先进的财富管理机构或总部组织，依托民间财富管理的核心集聚区和特色化集聚区，提供优惠政策，积极引进国际知名商业银行、投资银行及其他金融机构的私人银行业务总部或区域总部。

3. 完善对民企总部的金融支持体系建设。金融支持体系建设是吸引民企总部入驻的核心因素之一。浙江提出要发展民企总部，措施之一就是完善并形成全国领先的民企总部金融服务功能。因此要根据企业总部的综合金融服务需要，一方面要促进相关金融机构或组织的产生并开展业务，另一方面也要完善银行、证券、保险、信托、基金投资机构等之间的业务创新与合作，提升对民企总部的综合性金融服务能力。

（四）加快推进多层次资本市场和区域金融资产交易市场建设

1. 依托浙江省产权交易市场和杭州市产权交易市场，建设区域多层次资本市场。

首先，打造浙江省产权交易大平台。综合利用省产权交易市场、杭州市产

权交易市场和各地产权交易市场的优势，构建浙江省产权交易大平台，综合开展企业产权、林权、知识产权、技术成本、环境权益、文化产品等社会资源产品交易。

其次，合理处理浙江省产权交易市场与杭州产权交易市场之间的关系。浙江省产权交易市场是综合性的产权交易大平台，而杭州产权交易市场应发展为特色化、专业性的财富管理类产品（如股权、债权、基金、理财类产品等）交易市场。

最后，争取区域性场外交易市场（新三板）扩容试点，积极发展未上市企业股权交易，大力提高全省直接融资比重。

2. 积极探索建设浙江金融资产交易市场。政府引导建立浙江金融资产交易市场建设，提供信贷资产、企业债权、私募基金产品、信托资产、保险产品、理财产品、金融衍生产品及其他证券化金融资产的交易。逐步放宽条件鼓励上市公司、大中企业发展公司债券业务。同时，通过金融资产交易市场，推进中小企业集合债券、集合信托类金融产品等的开发与销售，推进浙江省中小企业金融服务中心建设。

3. 发展区域票据市场和短期资金融通平台，为民间财富管理中心建设提供货币市场保障。建设区域票据中心，实现商业票据互认和票据业务信息共享，建立统一公开的市场报价体系，实现票据的集中市场化交易。建设区域内金融机构短期资金融通平台，促进区域短期资金的融通，提高短期资金使用效率。同时，促进区域货币市场建设，促进区域利率市场化的发展，有利于区域基准利率的形成，方便民间财富管理产品的市场定价。

（五）推进民间财富管理业务创新

1. 推进政策性与商业性业务的合作创新，发挥政策引导基金的作用。围绕浙江省产业转型升级，有重点、有目的地设立政策性产业投资基金，引导商业性投资基金（民间基金）共同参与产业并购、整合与新产业开发等投资性业务之中，促进民间资本的集聚，集中优势资源推动战略型新兴产业和地方重点产业的发展。

2. 大力促进 PE 和创投业务等的发展。依托杭州民间财富管理核心集聚区和温州民间财富管理特色化集聚区，大力发展私募基金和创业投资基金，将浙江发展成为全国私募基金业务和创业投资基金业务最为活跃的地区。

3. 推进资产的证券化创新。依托浙江金融资产交易市场，推进信贷资产及其他金融资产的证券化创新，增加民间财富的投资渠道。

4. 加强银行、信托、证券等金融机构合作，大力发展理财业务。鼓励金融机构之间，围绕民间财富的保值增值，创新开发不同层次、不同风险等级的理财产品，合作开展金融资产管理业务，合作开发股权投资、债券投资、外汇投资、黄金投资、期货投资等私募投资基金产品，合作搭建区域远期结售汇合作平台，开展货币汇率避险业务等。

5. 创新发展中小企业金融服务产品。发展科技型中小企业集合信托、集合债券、集合贷款等"科技金融"服务，发展金融仓储、知识产权质押融资等新型担保方式。

6. 积极创造条件，推进海外投资与并购业务创新。

（六）加强政策支持，完善相关金融基础设施建设

加强政府领导，构建浙江民间财富管理中心建设协调性组织机构。加大政策扶持力度，对总部金融机构和财富管理总部入驻、金融创新、金融人才引进和专业研究进行支持和奖励，通过设立专项引导基金，引导民间资本的投资方向。进一步发挥产权交易市场、金融资产交易市场的信息平台功能。完善相关政策，协调各金融管理方及各地的金融管理政策，推进区域金融政策一体化建设。推进区域支付结算体系、信用评级体系、企业信息体系等建设，完善相关的法律、会计审计等在内的金融中介配套服务体系建设，支持省内信用评级中介机构的发展壮大。建立金融人才交流平台，加强民间财富管理金融人才的引进、培养和培训工作。建立民间资本投资信息服务平台，引导浙江民间资本的最优化配置。建立民间资本投资的科技创业服务平台，鼓励民间资本在高科技企业形成集群，引进科研技术高层次人才，构建研发体系，促进科研成果向生产的转化。整合政府部门、高校、研究机构和金融机构研究团队力量，建立区域金融服务合作研究平台，校（所）企合作联合研究、开发民间财富管理创新产品。

149

第九章 浙江民间财富管理建设的保障机制

一、浙江民间财富管理的环境保障机制

(一) 为民间财富管理创造宽松的政策环境

民间资本和公有制经济要公开、公平地参与市场竞争，离不开政策的引导、支持和调节。浙江省政府要把促进和引导民间资本投资纳入浙江经济和社会发展规划，本着积极引导、热心服务、依法监管的原则，采取法律、经济和必要的行政手段，引导民间资本健康发展。一直以来，国家在鼓励和引导民间投资方面不是没有政策，而是如何将政策落到实处。因此，作为配套措施，国家对民间资本鼓励和支持的政策法规应进一步明确责任，落实到位，并督促检查。同时有关配套细则应尽快出台，比如具体准入门槛、出资比例等。政策执行过程中，一些体制、技术上的障碍如何破除，以及一旦遭遇不公平待遇，他们是否能获得法律上的保障等。即便消除民营资本进入类似石油、铁路等垄断行业的政策障碍，但是在与国资的市场竞争中，民资还是存在着相当的弱势，浙江省可以有意识地组建国、民合资的股份制企业，实行民营企业和国有企业合资经营，经过一段时期的发展后，就可能看不见所有制的界限了。启动民间资本的过程是创造和集聚财富的过程，必须摒弃"唯身份论"和"与民争利"的观念，平等对待国有投资、民营投资。浙江中小企业数量众多，浙江对于民间资本财富管理完全可以走在全国前列，理论和实务全面推进，并将民间资本有序发展列入各级政府目标责任制范围，尽快出台促进和引导民间投资的实施细则和具体操作办法，把国家相关政策落实到实处。

扩大民间投资，说到底需要一个公平公开的市场竞争环境。浙江省在"十二五"发展阶段，必须充分体现打破现行体制下利益格局和引导、鼓励民间资本发展的决心，遵循国务院"新36条"的主要精神，在清除不利于民间投资的体制障碍方面下大手笔，推进市场准入公平化，真正打破垄断，切实放开民

间资本的准入领域；同时，进一步完善国有资本有进有退合理流动机制，在一些充分竞争领域，国有企业应坚决退出，为民营企业腾出发展空间，避免不公平竞争。

（二）完善法律、法规

1. 共同富裕是我们的目标，要鼓励老百姓富起来，增加财产性收入，因此民间资本越来越多，超过国有资本是个必然的趋势，不能认为超过了国有经济就不是搞社会主义了。公有制主体地位到底怎么理解？不能从数量上，应当从质量上、功能上来理解。为了避免争论，可以把"公有制为主体"改为"公有制为主导"。

2. 国务院办公厅《关于鼓励和引导民间投资健康发展重点工作分工的通知》只是把任务分解下去到各部委，至于什么时间执行、如何执行，都没有更加具体的体现，仍需出台更为细致的改革实施方案。未来在投资方向上应该及时合理引导民间资本方向，注重长期效益、科技效益和环境效益，逐步实现民间资本与高新技术、社会事业公共设施建设、金融服务等产业的融合，在高科技产业能够创新模式，以民间资本组建高新技术产业基金、建设项目的方式补充到高科技产业当中去，通过引入民间资本既能够缓解财政的压力又能提高整个社会的基础设施建设，在优化金融产业结构方面应该引导民间资本参与小额贷款公司、村镇银行等的建设，弥补传统金融在中小企业的不足。

3. 民间资本首先要求安全性，其次才是盈利性，这是民间资本保值和增值的前提和基础，所以必须有完善的法律法规。规范和引导民间投资，急需完善立法，强化民资规范运作。国家立法机构应当尽快出台制度化、规范化的民间资本管理办法，引导民间资本沿制度化的政策路径与资金需求方实现有效对接，进一步完善民间资本运作的法律法规，强化对民间资本管理的手段与措施，遏制民间资本投资在"半公开"途径中盲目运作、集聚风险，并在法律层面上对民间资本的法律主体地位予以确认。民间资本的发展壮大，客观上迫切需要在法律上得到更强有力的保护。党的十六大明确提出了完善私人财产保护制度的要求。当前，必须在立法、执法等方面把保护民间投资者的合法权益落到实处，使之变成可操作的措施，并且做到严格地依法办事。对民间资本要有保护投资者资金安全的行业规范，以制度和准则约束侵蚀投资者利益的行为。另外应着力建立良好的道德行为规范，坚决反对非法套现甚至诈骗活动，合理疏导地下金融活动，加大执法力度，确保民间资本为浙江经济发展、人民生活富裕作出积极贡献。

（三）信用

信用市场、信贷市场、信用社会、信用经济，良好的信用有利于提升浙江

151

经济社会发展的整体形象，有利于浙江民间资本的"走出去"和"引进来"，信用对于浙江民间资本意义重大。2002 年 7 月 3 日，省政府召开全省"信用浙江"建设工作电视电话会议，对"信用浙江"建设进行专题动员和全面部署。2005 年 9 月 1 日，浙江省信用建设的首部立法《浙江省企业信用信息征集和发布管理办法》正式出台。2008 年《浙江省人民政府关于建设"信用浙江"的若干意见》发布，通过政府、企业、个人三大信用主体的互促共进，法规、道德、监管三大体系建设的相辅相成，使"诚实、守信"成为浙江人民共同的价值取向和行为规范，使浙江省成为诚信社会的典范。

目前我国经济金融领域中，市场主体的诚信观念仍较为淡薄，恶意违约毁约和诈骗等商业欺诈和经济犯罪行为还不同程度存在；非法集资、非法吸收公众存款，企业主逃逸和民间借贷纠纷现象屡见不鲜，这些现象的存在，表明一个社会、一个地区的信用缺失，规范和引导民间资本的发展，还应着力于民间和社会信用的建设，完善区域金融生态环境建设，打造"诚信社会"。一是政府要率先垂范、取信于民，各地情况表明，政府不守合同、违约、侵犯民间投资权益的案例不胜枚举。民间投资要长久不衰，必须建立合理的投资规则。规定在整个投资过程中，一旦形成协议，各级政府必须带头讲信用，全力维护信用，模范遵守信用，提高公共服务意识，严格依法行政，增加政务透明度，提高政务质量和效率，在诚信建设中起示范作用，充分发挥政府在金融生态环境建设中的主导作用。二是要从建立民营企业的诚信体系入手，将散落在工商、税务、银行、法院、海关、公安、行业协会、商会以及政府有关部门记录民营企业经济、金融等活动的信息资料进行集中，归并和整理，序时记录和反映民营企业的信用情况，按市场化原则形成和使用民营企业的诚信产品，建立较为完整的民营企业诚信体系。同时加大对失信企业在法律、经济方面的惩处力度，提高失信成本。引导企业要全面强化诚信经营，强化企业的产权约束、财务约束、市场约束和法律约束，推动守法诚信经营。三是着力提高个人信用素质，社会信用归根结底是个人信用。因此，要强化公众个人诚信教育，弘扬信用文化，培育信用道德，加强诚信激励和失信惩戒机制建设，通过正向激励和逆向制约推动社会形成守信者得益、失信者难行的社会信用氛围，树立诚信为本、操守为重的良好社会风尚。

（四）思想

老的国发"36 条"（即 2005 年颁布的《国务院关于鼓励支持和引导个体私营等非公有制经济发展的若干意见》）之所以不能很好落实，一个重要原因是思想理论上的障碍，有人把它作为资本主义批判。为什么作为资本主义批判呢？因为你鼓励民间资本发展，民营经济发展，不是搞资本主义吗？发展改革委提出国有经济要在竞争性领域有序退出来，马上有人批判说，因为国有经济是社会主义的经济基础，是中国共产党的执政基础，这个基础只能加强，不能削弱，所以怎么能退出来呢？社会主义不是变成资本主义了吗？他不考虑社会主义到底为了什么，究竟什么是真正的社会主义，只考虑过去我们传统的社会主义公有制为主体，国有经济化就是社会主义。所以在国退民进的时候往往是受到批判。在国进民退的时候也不能提，有人说"统计数据不支持国进民退"。到底国有经济是不是社会主义的经济基础？是不是共产党的执政基础？实际上历史已经回答了这个问题，苏联垮台的时候，国有经济一统天下，为什么强大的国有经济没有支持苏共继续执政，没有支持苏联社会主义经济制度？由此可见，共产党执政的基础、社会主义的基础并不在于国有经济的比重有多高，根本在于三个"民"，第一叫民心，第二叫民生，第三叫民意。有了这三个"民"，党的执政地位就会更巩固。民心是核心，得民心者得天下，古今中外都是这个道理；要得到民心就必须把民生搞上去；要得民心，就必须尊重民意，老百姓有话语权，有参与权，有尊严。所以这是大的理论问题。近年来，一些地方政府和社会舆论把各类社会矛盾引发的社会负面情绪转嫁到了民间资本和民营企业身上，民营企业作为"改革力量"的形象被淡化，取而代之的是一些灰色甚至负面的评价，这在很大程度上打击了民营企业家的积极性。

153

　　只有在解放思想上先人一步，抢抓机遇才能高人一等。只有在思想解放上率先胜出，才能在加快发展上走在前列。因此，我们在规范和加强民间资本的运作与管理，引导民间资本合理流动方面的工作中，要坚持思想解放不停顿，以增强抓住机遇率先发展的信心。只要法律法规许可，就可以做到放开市场、放宽政策、放活个人、放飞企业。要勇于破除阻碍改革发展的思想障碍，善于运用市场化手段解决改革发展中的体制难题。在规范和加强民间资本的运作与管理，对民间资本的引导利用上，也不能再以老观念看待新问题。要在思想解放的前提下，切实激活民间资本，促进经济快速发展①。解放思想，政府就要敢于为民间资本"开渠"，加快对民间资本的引导与管理，引导其进入朝阳行业而不是夕阳行业，要舍得让利于民。浙江应继续深入贯彻落实国家和省关于促进民间投资和中小企业发展的各项政策决定，全面彻底取消限制和阻碍民营经济发展的各种障碍，为投资者创造良好的投资环境。浙江要继续宣传"四千

---

① 刘庆斌. 试论民间资本的投融资空间布局的理性及其价值趋向［J］. 科学与管理, 2010.

精神"①，倡导"实业立省"、"实业兴浙"、"实业致富"的理念，给民间投资以均等的机会、足够的关心和优质的服务，鼓励和支持民间投资主体积极投身于"创业富民、创新强省"战略，使民间投资者经济上有实惠、社会上有地位、政治上有荣誉。政府应旗帜鲜明地鼓励创新，宽容失误，对一切遵守法律的投资创业活动都给予积极支持，大力支持不同的所有制经济的发展，保护一切合法收入。要把"创业有功、纳税光荣"作为重要的价值导向和舆论导向，充分激发群众的致富追求和创业热情。

（五）加强社会化服务体系建设，促进民间投资有序增长

近年来，浙江省虽然成立了名目众多，数量巨大的行业协（商）会等社会化中介组织，但由于种种原因，社会中介服务体系发育并不充分，还没能有效发挥好政府与企业之间的桥梁和纽带作用。因此，在"十二五"期间，浙江省要充分发挥商会、行业协会等自律性组织的作用，积极培育和发展为民间投资提供法律、政策、咨询、财务、金融、技术、管理和市场信息服务的中介组织，提高民间投资的组织化程度，避免民间投资过程中的无序竞争，保护投资者利益。行业协会、商会要彻底与行政脱钩，避免政会不分。同时，政府应该把一些行业管理权限授予经济类中介组织来行使，政府要从微观主体的管理中解脱出来，集中精力行使好"经济调节、市场监管、社会管理、公务服务"的本位职能。

（六）管理者素质

民营经济企业家要注重提高自身的能力和素质，做到"爱国、敬业、诚信、守法"。企业家综合素质的高低，往往决定了一个企业的生死与兴衰。由于民营经济所投资的产业大多数没有稳定的技术专业特征和成熟的产业特征，没有独立的专利技术，在当代知识更新周期缩短，新事物、新情况、新矛盾层出不穷的情况下，易于模仿也易于被模仿，易进入又易解体。因此，仅靠民营企业家的主观随意性，依靠个人的经验进行决策，显然不能应付这种复杂的变化。上规模的民营经济企业要做大、要发展，就需要突破家族制的局限性，需要有明确的激励机制和科学、规范的管理制度。随着经济全球化战略的推行，产业结构调整的速度全面加快，传统产业生产能力需要通过新技术进行有效改造、进行技术创新，民营企业家就必须树立学习意识。只有不断地学习，学习现代化管理经验，学习先进的科学技术，学习一切代表未来经济发展和科技进步的新知识、新事物，把终身学习作为自己创业的重要组成部分，才能把握时

---

① 浙江人以"历经千辛万苦，说尽千言万语，走遍千山万水，想尽千方百计"的"四千精神"，勇于吃"第一只螃蟹"。

代的脉搏，驾驭企业的发展方向，才能与时俱进、与世俱进，加快从传统行业
向新兴行业的转变。民营企业一是要建立以资本为核心的内部管理制度，企业
的一切生产经营活动都要体现出对资本的组织、管理和经营，其目标是使资本
保值、增值并取得收益的最大化。是要提高原有资本的运行质量，加快资本周
转，调整资本结构，并且通过发挥人才优势、技术创新等手段，努力争取获得
超额利润。

二、浙江民间财富管理建设的着力点

（一）金融机构

1. 民间资本进入金融机构。

很多民间资本愿意投资具有稳定收益的金融领域。包括全国的商业银行改
制、小额贷款公司、农村合作社的改制，这里面都有浙商资本的痕迹。

第一，发展小额贷款组织，引导民间资本与金融资本对接。作为目前浙江
金融体制改革的重要成果和民营资本进入地方金融领域的重要途径，小额贷款
公司受到民营资本的争相涌入，呈现出稳定向好的发展态势。截至 2011 年 10
月末，全省共设立小额贷款公司 171 家，注册资本约合 340.1 亿元，累计发放
贷款近 1500 亿元，取得了不俗成绩。小额信贷公司靠自有资金，或者从市场
借入资金并主要从事发放贷款业务的个人和机构。由于不吸收公共存款，不会
对银行体系造成伤害，不会产生区域性、系统性金融风险，政府的监管相应较
为宽松，其经营也远较银行灵活，有更多的创新。另一方面，小额贷款契约受
到法律的充分保护，违约风险更低，其资金来源途径也远比民间融资宽泛，因
此效率更高。目前民间资本的存在及其产生的大量的民间借贷活动，小额、日
常性的借贷占比较高，因此小额信贷应当成为未来我国民间资本发展与引导的
一个主流方向。应该讲，目前我国小额信贷组织仍处于起步阶段，与真正的非
吸收存款放贷人还存在较大的差距，发展非吸收存款放贷人需要在以下几个方
面作出改进。一是制定"放贷人条例"，在放开民间借贷的同时又对这种借贷
行为给予一定的约束，降低从事合法金融活动的门槛，为民间借贷规范化发展
创造条件。二是由地方政府成立小额信贷监管机构，负责保护借款人免受不公
平贷款及不良债务追收的影响。三是维护小额贷款公司的合法权益，确保小额
贷款公司可持续发展。发展小额贷款公司，目的和宗旨是为了缓解小企业和小
额农业贷款难问题。因此发展小额贷款公司，需在发展方向和定位上合理引
导，浙江欠发达地区可以以政府机构为主导，而对经济发达地区和个私经济活
跃地区，可充分利用民间资本的作用。其次，民间小额贷款公司主要向市场化

155

的投资经营者提供小额信贷服务，实行完全市场化的利率。最后是适当放宽成立条件，目前小额贷款公司的主发起人原则上是实力雄厚的当地民营骨干企业，净资产 5000 万元以上，近三年连续盈利且三年净利润累计总额在 1500 万元以上。这一条件相对县域地区、个人投资股东和初次意愿进入的企业条件较高，可在试点成熟的基础上相应降低进入门槛。

第二，放宽金融市场准入条件，支持民间资本设立地方性小法人金融机构特别是村镇银行。地方性小法人金融机构一方面能弥补此前我国县域金融机构撤并后县域金融服务的缺失；另一方面，这类金融机构对本地中小企业和农民的信息具有比较优势，有的机构还是专门为缓解小型企业和农村地区融资难而设立的，注定其主要业务对象是中小企业和农村，一定程度上有效缓解中小企业和农民等弱势群体的融资难问题。浙江在逐步培育由自然人、法人股东发起成立的村镇银行，承认个人和企业可以合法拥有完整的金融权利。对村镇银行的资产负债业务，允许村镇银行转售给商业银行进行同业融资和风险转移分担。既可以弥补现有金融体制在中小企业和个人细分市场中信贷供给的不足，也可以鼓励新的金融组织形式在贷款市场上与现有金融机构开展竞争，从而为民间资本的引导和金融多元化打开一条通道。降低村镇银行准入条件，提高民间资本进入村镇银行的积极性。尽管国务院降低了村镇银行准入要求，但尚未有实施细则。建议修改银监会准入政策在设立村镇银行中应有 1 家以上（含 1 家）境内银行作为发起人，且持股比例不得低于 20%，以及单一自然人持股比例、单一其他非银行企业法人及其关联方合计持股比例不超过 10% 的规定，提高民间资金大规模进入村镇银行的积极性，使设立更多小型农村金融机构的政策切实得以落实。进一步发挥村镇银行贴近市场、信息对称的优势，农行、农发行、国开行等大型金融机构可以将资金批发给小型农村金融组织，再由小型农村金融组织转贷于中小企业和农户，实现双赢。

第三，民间资本进入保险业。发展民营金融保险业（包括由民间资本入股组建的股份制或股份合作制的小商业银行小保险公司，由社会上弱势群体入股组建的以互助脱贫为目的的合作金融组织和合作保险组织），对增加就业、促进第三产业和民营经济发展、扶持社会弱势群体脱贫致富，拉动中国经济持续增长均有积极的作用。大力发展民营金融保险业，是把社会闲散资本转为增加社会投资的重要渠道。积极发展不以盈利为目的的民营的互助合作金融组织、合作保险组织，帮助社会广大弱势群体通过互助合作，实现脱贫致富。帮助社会弱势群体脱贫，通过民政部门进行财政救济是一个有效的途径。通过发展合作金融、合作保险、合作医疗、生产合作、消费合作等渠道把他们组织起来，培养互助合作、自救求生存也是一个有效的途径。

第四，民间资本进入新兴金融领域的限制，比如各地现有的经营不善的产权交易所、行业定向信托机构、急需转制的信用社体系等。在金融行业主体稳定向好的基调之下，这些领域可否成为"金融改革的特区"，除了现有法律规制的约束之外，不要再增加行政性的管束，由它去控股、由它去创新、由它去承担风险，市场本身永远比有"超人"思维的行政手段更聪明、成本更低、效率更高。

2. 金融机构支持民间资本发展。

金融机构增强对中小企业的信贷支持。一是鼓励和发展区域性中小金融机构，下放审批权限、降低准入"门槛"，在监管政策和货币政策上进行倾斜和支持，督促和引导地方法人银行机构继续担当中小企业信贷服务主力军，进一步加强对中小企业信贷服务。同时，针对中小金融机构抗风险性弱的特点，尽快出台"存款保险条例"，为更好地发展中小金融机构和支持中小企业提供保障。

二是对国有商业银行中小企业信贷业务要加快制度安排，引导其进一步加大中小企业支持力度。国有商业银行对中小企业信贷业务要下放信贷权限、简化审贷流程、尽快制定审贷标准和尽职免责的细则，完善推进中小企业信贷业务发展的内生机制建设。

三是推进信贷产品创新。金融机构要积极推动建立对中小企业信贷业务拓展的正向激励机制，针对中小企业所处不同行业、发展阶段的差异化资金需求，创新金融工具，开发符合中小企业"短、频、快"需求特点的信贷产品，完善中小企业信贷长效机制建设。

四是推进金融机构服务创新。规范发展商业信用，开展对商业票据的信用评级，扩大商业票据使用范围；修订《贷款通则》，对民间金融的行为进行合理制度安排，规范和引导民间借贷行为，建立中小企业便捷有效的融资渠道。

五是建立中小金融机构。决定金融服务业发展的根本因素是信息以及建立在信息基础上的信用，而民营中小金融机构在为中小企业提供融资支持时，就具有信息优势和交易成本优势。因为地方中小民营金融机构能充分利用地方以至社区信息存量，容易以较低的成本获得关于地方中小民营企业的经营状况、项目前景和信用水平等情况，可省去大量的调研费用，并能减少审核批准程序，这样就很容易克服"信息不对称"和交易成本过高的问题。

（二）投资

1. 实行公平的市场准入原则，拓宽民间投资的领域和渠道。

157

一是切实清理现行投资准入政策。在明确划分鼓励、允许、限制和禁止等政策时，应当体现国民待遇和公平竞争原则，打破所有制界限，部门垄断和地区封锁，凡允许外商投资和国有经济进入的领域，都应当允许其他经济类型的企业进入（国家有特殊规定的除外），在持股比例上也不应人为设限。国家应鼓励和支持民营企业通过收购、兼并、控股参股、转让经营权等多种形式，参与国有经济改革和战略性调整。二是加强对民间投资的产业引导，根据基础设施、基础产业、传统制造业、高新技术产业以及现代服务业等不同行业的特点，采取符合市场经济惯例的多样化的项目组织形式，如公开招标、特许经营、知识产权入股和产业投资基金等，鼓励和引导民间资本进入这些领域。三是大力弘扬创业创新精神。舆论支持和精神鼓励对民间投资来说非常重要，必不可少。

2. 落实好投资体制改革。

《国务院关于投资体制改革的决定》已正式出台，其中最大的亮点就是企业不使用政府投资建设的项目一概不需要审批。该决定允许社会资本进入法律法规未规定禁入的基础设施、公用事业及其他行业和领域。改革前置审批办法，加强对民间投资的产业引导。根据基础设施、传统制造业、高新技术产业以及现代服务产业的不同行业特点，采取符合市场经济惯例的、多样化的项目组织形式和投融资形式，例如公开招标特许经营、知识产权入股和产业投资基金等，鼓励引导民间资金进入这些领域。制定民间投资促进法。有法可依是促进民间投资扩张的根本。制定浙江民间投资促进法十分必要，可以消除民间投资的后顾之忧，从根本上保障民间投资的合法地位和权益。建议在该法规中明确坚持一个"放"、做到"三个不限"和做好"四个引导"。一个"放"就是：除关系国家安全和必须由国家垄断的领域外，其余领域应允许民间资本进入。"三个不限"就是：不限投资比例、不限投资方式、不限投资规模。"四个引导"就是：把民间投资引导到实业投资的方向上来，引导到国家产业政策鼓励和支持的领域上来，引导到促进产业升级的技术改造和自主创新上来，引导到政府主导的基础设施项目上来。

3. 加强研发投入，促进成果应用，引导民间资本投资新兴产业。

当前，浙江省正在加快推进经济发展方式的转变，要正确处理"新"与"旧"的关系，在积极提升传统产业的同时，更要大力推动新兴产业的发展。要尽快出台有利于新兴产业市场化运用的政策措施，进一步完善价格补贴机制，全面落实鼓励企业研发投入的税收优惠政策，推动新兴产业的市场化步伐，使民间资本投资新兴产业不但有良好的发展愿景，更有实在的投资回报。

积极发展公共投资基金。大力发展证券投资基金、产业投资基金、风险投资基金等公共投资基金，通过基金的形式把大量的民间资本吸引进来，再转流到社会产业领域中去，为民间资本开辟合理可靠的投资渠道。

4. 运用市场机制畅通投资渠道，引导民间资本与政府资本对接。

近年来虽然浙江省在新能源、新材料、信息服务等领域得到一定的发展，但高新技术产业发展规模总体偏小，自主创新能力偏弱，与江苏省相比发展显得相对滞后。因此，在浙江省"十二五"规划中，应明确政府要加大基础研究领域的投入力度，特别要在产业共性技术的研究和构建公共技术平台服务上下工夫，以政府的资金投入引导社会研发跟进，引导更多的民间资本投入新兴产业的研发和应用。要支持有实力的大型民营企业参与国家级重大科技计划项目和技术攻关，鼓励民营企业建立各种研发机构、增加研发投入，提高自主创新能力。要扎实做好知识产权制度建设，不断提高知识产权创造、应用和保护能力。要加大高层次科技人才的引进力度，特别要注重以技术带头人为主的研究型团队的引进。要尽快出台有利于新兴产业市场化运用的政策措施，进一步完善价格补贴机制，全面落实鼓励企业研发投入的税收优惠政策，推动新兴产业的市场化步伐。

以基础设施为例，对预期有收益或通过建立收费补偿机制可以获取收益的基础性和公益性项目，应向民间资本全面开放；对地方配套资金无法落实的基础设施项目，可采用 BOT（建设—经营—转让）方式解决配套资金；对已建成的基础设施项目，采用 TOT（转让—经营—转让）方式转让给民间经营，以提高政府投资能力；积极试点 BT（建设—移交）融资代建制，利用民间资本建设非经营性基础设施项目的融资模式，实现"政府按揭"；积极引入 ABS（资产证券化）融资方式，以目标项目所拥有的资产为基础，以项目未来收益为保证，通过在国际资本市场上发行债券来筹集资金。

（三）融资

1. 构建中小企业的直接融资渠道。

扩大中小企业直接融资比例，建立多层次、专门为中小企业服务的资本市场体系，支持符合条件的中小企业特别是民营高科技企业在中小企业板和创业板发行债券，加快中小企业集合债发行步伐，扩大集合债发行规模。通过政府和民间出资创立风险投资基金和"天使基金"，制定专门扶持政策，完善风险投资结构，引导更多社会资金流向中小企业。支持中小企业上市的好处在于能够改善企业的融资环境；能够有助于企业产权清晰化；股权分散，有助于企业分化风险；能够改善企业的治理结构。使浙江民企实现新的飞跃和跨越式发展，继续保持领先态势。

2. 构建中小企业的间接融资体系。

加快金融业对内开放步伐，积极发展壮大浙江地方银行和中小金融机构。国有商业银行通过适当下放贷款权限、增加资金支持、扩大利率浮动范围等，鼓励中小金融机构扩大融资活动。鼓励和帮助民营企业利用国外政府和商业贷款，组织民间投资项目招商引资。另外可以参考发达国家，比如日本，尝试设立了专门为中小企业服务的国有金融机构，为中小企业提供具有国家导向的不同期限和低利率的贷款，作为民间金融机构的补充和完善。

3. 建立和完善中小企业信用担保体系。

信用担保制度是许多发达国家对中小企业提供金融支持的有效途径，进一步完善中小企业担保体系。鼓励建立为民营企业服务的信用担保机构，设立贷款担保基金。有条件的地方，政府要给予必要的财力支持，吸收社会力量、企业群体和其他资金入股。明确担保机构的法律地位、市场准入和监管体系，从制度上确定担保公司、贷款银行、受保企业责权利的相互对称关系；明确担保基金的来源和管理方法、再担保机构的成立、风险补偿和业务奖励政策等，规范担保业发展。要大力发展政府主导的大中型担保机构，推动与保险业的合作，建立信用保险系统，通过保险介入对担保机构风险进行合理分担。

4. 加快中小企业信用体系建设。

一方面，针对中小企业实际，合理设置金融信用评级指标，科学推进中小企业信用评级体系，并推动中小企业资信评级机构的发展，完善社会资信体系建设。另一方面，尽快从国家层面建立统一、集中、全国联网的中小企业信用信息数据库，将分散在政府有关部门的行业信息、监管信息、商业信用信息、银行信用信息、资金需求信息等以平台形式供银行查询利用，解决银企信息不对称问题，为金融机构有针对性地开展金融创新提供信息载体。同时，进一步加强对逃废债企业制裁的法律支持，运用司法综合手段打击恶意逃废银行债务行为，创建良好的金融生态环境。

（四）资本市场服务

资本市场为浙江经济注入了新的活力，成为推动浙江经济发展的重要力量。目前，浙江经济正处于一个承上启下的关键时期，在这个发展过程中，产业结构不合理、增长方式粗放、自主创新能力不强、经济增长的资源环境代价较大等问题还比较突出。要解决这些问题，保持浙江经济持续稳健发展，就必须继续加快发展资本市场，通过资本市场的并购重组和资本的进退，可以引导上市公司淘汰高耗能产业，扶植新兴产业，充分利用资本市场解决浙江经济发展中遇到的问题。

1. 鼓励浙江优质企业通过资本市场上市融资。

浙江资本市场经过 20 余年发展，已形成了一个具有一定品牌效应的"浙江板块"，到 2011 年末，全省共有境内上市公司 226 家，居全国第 2 位，累计融资 2448 亿元；其中中小板上市公司 113 家，占全国中小板上市公司总数的 17.5%，居全国第 2 位；创业板上市公司 26 家，占全国创业板上市公司总数的 9.25%。"十二五"期间，浙江全省境内外上市公司目标是突破 350 家，新增募集资金 1200 亿~1500 亿元，保持位列全国前三甲。为了使实现企业上市目标，必须做到以下几点：

第一，强化培育，上市后备企业培育是推进企业上市的关键性基础工作，各方面应该按照积极引导，科学规划，分类指导，精心培育的原则，选择一些质地优良，成长性好，具备上市条件的企业作为培育对象，进行针对性跟踪指导和服务。

第二，营造优质环境。各级政府和有关部门要为上市公司发展创造良好的政策环境、服务环境、监管环境和舆论环境，支持和推动上市公司在资本市场里越做越好，更好、更快、更优地发展。切实减轻企业改制上市成本，对于同一控制人名下的资产转让，过户涉及行政性收费的应予以减负，或通过适当方式予以补助；同等条件下优先安排重点上市培育企业享受各类技术改造、技术开发与创新等专项资金。

第三，提高质量。公司上市以后，就代表浙江整体形象，因此，各有关部门要督促上市公司完善法人治理结构，规范股东大会、董事会、监事会的运作，完善独立董事制度，加强内控制度建设和高级管理人员的诚信教育，严格规范和约束控股股东行为，防止控股股东和实际控制人侵害上市公司或社会中小股东利益，建立和规范激励机制，强化上市公司高级管理人员、公司股东之间的共同利益基础，提高上市公司经营业绩，在此前提下，要积极创造条件支持上市公司做强优化，充分发挥上市公司在提升传统产业、发展高新技术产业、促进产业全面转型升级的作用。

第四，引领示范。浙江上市公司要进一步发挥引领、示范作用，率先发展、科学发展。认清发展的宏观机遇，包括宏观经济回升向好的机遇、浙江经济转型升级的机遇、"十二五"规划提供的战略机遇、资本市场广阔发展的机遇；认清自身的发展优势，包括上市公司体制改革创新优势、资本市场平台优势、科技创新优势、品牌人才优势；认清发展的产业方向，包括战略性新兴产业、现代服务业、传统产业转型升级；认清发展的主战场，空间布局上要重视

161

海洋资源的利用，以及新规划的 14 个产业集聚区，200 个率先发展成小城市的中心镇；认清发展的途径，运用资本市场平台，通过并购重组、再融资、发行债券、合作等途径，不断提高上市公司综合实力；认清发展的责任，做创新发展、规范管理、履行社会责任的标兵。

2. 规范私募资本市场。

私募资本市场是浙江资本市场的传统形式，在浙江经济发展中有重要的位置。私募资本市场长期存在的主要原因是浙江企业规模小，私募资本市场的资本流通和交易绝大部分发生在亲友之间，亲友之间的资本能力，特别是资金能力能够基本适应资本市场的需求，亲友互相比较了解，信息不对称问题不十分严重，私人募集股权资本的成本比较低，除少量的餐费和交通费，私募股权资本几乎没有募集成本。只要存在私人资本，私人资本可以不通过公开的资本市场流通和交易，在相对长的一段时间内，私募资本市场不可能被完全取代。私募资本市场的规范化，是出于资本的流通和交易的过程对交易公平的需要，例如解决交易的各方对交易资本的价格的认定、企业的信用程度等问题，需要有专业的中介机构发挥作用，同时，社会经济不断进步，法律逐步完备，资产的权利要求法律的保护，即便是私人之间的借贷也需要有一定的手续，资本的流通和交易对资料文件的要求更严格，法律、会计等中介机构能够为企业提供服务。为私募资本市场配套的中介机构建设，是私募资本市场健康发展的有力保证。中介机构的进入使私募资本市场运行规范化，私募资本市场的规范化操作是用制度建设对私募资本市场肯定。

当私募资本市场中的一种形式可以相对规范地运行，可以面对所有的公众，并且可以被公众接受时，就完成了从私募资本市场的一种形式到公开资本市场的另一种形式的演变。所有的公开资本市场的形式，它的早期都有私募资本市场形式的影子，私募资本市场的一部分转化成了今天的公开资本市场。当然，公开资本市场的一种形式不会退回到私募资本市场中它原来的形式，资本市场的进化是不可逆的，不可逆的原因是在市场细分中，被公开资本市场取代的那一部分私募资本市场的功能，公开资本市场具有先进性，市场经济的优胜劣汰的竞争规则在发挥作用。浙江对资本市场的管理应该在部门的行政管辖范围内，引导私募资本市场中能够采用公开资本市场方式的那一部分，组建银行和投资基金、风险投资公司。

3. 构建多元化的资本市场。

（1）大力发展基金市场。这主要包括产业投资基金、证券投资基金、保险投资基金、创业风险投资基金等。第一，筹建产业投资基金，就浙江全省经济发展而言，建议积极创造条件筹建涉及全省的重大基础设施建设项目和产业升级转型项目进行投资，即筹建产业投资基金。我们认为大量民间资本之所以不投向实体经济，而投向虚拟经济或者参与资产炒作，其原因"非不为也，实不能也"。虽然"新36条"明确表示要把民间资本引导到国家需要发展的领域和行业，但是在各行业具体实施细则出台之前，许多民营企业仍然不敢贸然进入，尤其是进入交通运输等基础设施领域。问题的症结在于垄断领域市场化程度普遍较低，并且市场准入门槛、业务领域的许可以及产品和服务的定价权基本都属于民营企业自身所不能控制的范畴。在"新36条"规定开放的领域中，有一些行业对资金规模的要求相当大，需要企业不仅具备强大的资金实力，还要有一定的融资能力；此外，在专业技术领域、运营及项目管理经验等方面，也需要具备一定的竞争力。浙商产业投资基金允许民间资本以购买基金的方式进入，这意味着即使是没有资金实力和融资能力的民营企业也可以市场化方式进入垄断领域，同时还可以省去民营企业直接进入这些行业所需的繁琐的审批程序。因此，通过产业资金可以引导民间资本流向。第二，加速发展证券投资基金，基金在资本市场中的比例会不断提高，目前浙江省只成立浙商基金，基金规模、影响力还非常有限。第三，积极引进保险基金投资浙江，支持浙江经济社会建设和发展。第四，引导创业投资基金，支持各类创业投资和风险投资基金对种子期、发育期创业创新企业的股权投资，推动科技型中小企业的成长，也促进本土风险资本和创业资本的快速成长，形成资本与科技创新的良性循环。

（2）积极发展债券融资。针对浙江省债券发行规模小、发行面窄、发行数量少，发行品种少的特点，积极向国家有关部门争取发行企业债、公司债、金融债、短期融资债，促进浙江省先进制造业和现代服务业的发展。具体而言，要努力扩大企业债券的发行规模与发行面，使企业债券真正成为企业融资的重要来源，尤其要尽快使财务状况符合发债要求的中型以上企业都能利用债券市场融资。努力用好短期融资券，要努力研究利用短期融资券的"市场化"规定，使浙江企业得到更多更好的服务。努力扩大中长期债券发行，要充分利用债券市场正在逐步完善的时机，争取更多的发债项目和额度；积极向中央争取在浙江进行进一步开放债券市场及发行各种新品种债券的试点。

（3）其他资本市场。资产证券化，是指企业以未来具有稳定现金流的资产为支持，发行证券进行融资，并使资产合理流动。一个公司，只要有合适的项目、稳定的现金流，就具备了发行相关产品的条件。目前资产证券化已成为欧美金融市场主流之一。浙江中小企业既多，成长性又好，资产证券化的前景十分广阔。应提高期货市场、信托市场等其他金融市场对浙江省资源要素配置的能力，努力促进浙江省金融市场持续稳定发展。

4. 切实加强证券市场中介机构建设。

证券市场中介机构建设是发展资本市场、促进资本市场发展的重要条件之一，浙江省应该做到以下几点：第一，大力培育和发展省内证券中介机构。要积极支持浙江省浙商证券、财通证券等通过增资扩股、收购兼并等方面充实资本、增强实力，成为大型综合券商，形成一批以浙江资本占主体，在全国具有较强竞争力的大型综合公司以及若干家有自身经营特色的经纪类证券公司。第二，积极引进国内外大型券商来浙设立区域总部或分支营业机构，为此，要积极营造良好的服务环境，创造良好的金融生态，培育更多的人才，以支持证券机构"百花齐放，百家争鸣"的局面。第三，加快培育和发展其他市场中介机构，加快浙江省内会计师事务所、律师事务所、资产评估机构和证券投资咨询机构等证券中介服务机构的发展和整合，培育若干家资信较高、业务较强、规模较大，在全国具有一定影响力的证券中介机构。第四，加强对市场中介机构的管理和指导。要坚持市场开放原则，按照公开、公平、公正的要求，依据国家有关法规，制定有关中介机构从事业务活动的管理办法，规范从业行为，提高诚信服务质量，防止不正当竞争，创造有序竞争的环境。

5. 规范与完善产权市场。

产权市场属于相对辅助性的资本市场，并且具有天然的地域性。一般而言，它主要是为有限责任公司、独资企业、合伙企业等提供了产权交易平台。浙江产权交易所成立于 2003 年 12 月，定位于为全省非上市股份有限公司的股权转让、省属企事业单位的改制与国有资本的流动，以及为其他各类企业的产权交易提供服务平台，待条件具备后，争取发展成为与证券市场相衔接的地方性产权（股权）交易平台。目前全省各市大都有了产权交易机构，少数经济发达的县市也有了产权交易机构。产权市场在经济发展过程中具有不可替代的功能和作用，发挥产权市场应有的功能和作用，不仅有利于引导民间资本投资进入实业领域，而且能更好地发挥产权市场在经济发展中的投融资功能，避免单纯依赖证券市场的缺陷。浙江要进一步加强产权市场的建设，进一步对全省的产权交易机构进行合理的整合，形成整体功能强劲的全省性产权交易体系。积极探索产权交易机构的民营化道路，使之最终成为政企分开的完备市场主体。引导和鼓励民营企业利用产权市场组合资本，促进产权合理流动，开展跨地区、跨行业兼并重组，服务于各地实施的产业转型升级战略、区域发展战略等。支持有条件的民营企业通过联合重组等方式做大做强，发展成为特色突出、市场竞争力强的集团化公司。

（五）金融创新

2008 年 9 月，《国务院关于进一步推进长江三角洲地区改革开放和经济社会发展的指导意见》出台，要求"加快连云港、温州等发展潜力较大地区的发展，形成新的经济增长点"，长三角地区要"积极探索金融机构、金融产品和服务方式等多种金融创新，健全多层次金融市场体系，引进和培育高层次金融人才，大力改善金融业发展环境，提高金融服务业发展水平"。为贯彻浙江省委十二届五次会议《关于深化改革开放推动科学发展的决定》，省内各地纷纷推出一系列重大举措，创新金融发展，完善地方资本市场，规划建设区域金融中心。杭州正在研究创投融资、创投风险补偿等管理办法以及筹建产业投资基金。出台了《杭州区域金融中心建设规划》，将钱江新城打造为杭州金融制高点和业务主平台，力争成为长三角南翼区域金融资本的集聚地、配置地和发散地，金融创新的集中地。宁波总投资数十亿元的宁波国际金融服务中心于2007 年 10 月开工建设，该项目重点引进银行、保险、证券、会计、咨询等国内外金融机构总部、地区总部和办事处，力争到 2012 年左右基本形成宁波市的产业金融中心和金融创新中心。义乌正在加紧构建资金枢纽中心、个人理财产品的交易中心、金融创新中心、信息集散中心。

2012 年国务院决定设立温州市金融综合改革试验区，开展金融综合改革，切实解决温州经济发展存在的突出问题，引导民间融资规范发展，提升金融服务实体经济的能力，温州民间借贷登记服务中心、温州中小企业融资服务中心相继开业。

浙江省民间资本充裕，但是长期以来受制度约束，无法进入合法的融资渠道，一方面造成大量资本热钱化，另一方面造成了中小企业融资难，极大地制约了民企投资活力。因此在浙江省"十二五"规划中，要大力推动金融创新，支持民间资本投资金融机构，鼓励民间资本发起成立村镇银行、资金互助社及典当行；要积极创新对民间投资的授信和审贷模式，鼓励民间资本兴办金融中介服务机构；要健全融资性担保体系，支持民间资本设立融资性担保公司，积极探索排污权、林权等使用权抵押，推进动产担保抵押；要结合产业转型的需要，设立产业投资基金，通过政府资金的杠杆作用，吸收民间资本参与，为企业兼并、新兴产业的发展、民营企业进入垄断行业提供融资支持。

1. 资本市场产品创新。

产品创新的本质在于把在本国资本市场上未曾出现过的产品、工具创造出来，这包括两种方式，一是直接引进国外已经存在，但在我国尚未出现的产品；二是创造全新的产品，产品创新对于扩大资本市场层次有着十分重要的意义。从最一般的道理上讲，随着一批批新金融产品的推出，原来层次单一的资本市场就无法容纳这些产品，新的市场层次必然应运而生。这种情况也可以称为以产品促市场。因为一类新的金融产品推出来并形成一定规模之后，必然要求有交易流通的场所。这不仅对于这些金融产品的持有者来说极其重要，而且对发行这些金融产品的机构来说也非常重要。金融产品的价格与它的流动性是高度相关的，一个没有流动性的产品，不仅其发行成本很高，有时甚至无人问津。新金融产品没有既定的流动市场，现有的市场规则对它未必适合，因此，需要有一个新的市场为其服务。

2. 创新民间资本投资模式。

充分发挥浙江民间资本丰厚、传统产业发达、市场机制灵活、经济开放度高的优势，采用"政府引导、企业主体、市场运作"的方式搭建民间资本服务平台。借鉴美国在20世纪五六十年代产业升级过程中，以私募基金进入资本市场，投入到国家鼓励的产业与行业的经验，积极引入风险投资，用专业的管理水平来帮助企业分析市场和整合资源，创新浙江民间金融和地方资本市场发展新模式，推动更多的温州民间资本、高新技术和有市场前景的企业和项目、国内外投融资机构、中介服务机构进入平台，实现资本和项目、资本和企业、资本和市场、资本和资本的有效对接和转换，促进浙江产业结构调整和经济转型升级。

3. 融资模式创新。

根据《国务院关于进一步促进中小企业发展的若干意见》、《中国人民银行、银监会、证监会、保监会关于进一步做好中小企业金融服务工作的若干意见》精神，浙江出台多项推进中小企业金融服务的管理办法和工作措施，努力改善中小企业金融服务外部环境，同时全面推进中小企业信用体系建设，进一步加强中小企业信用宣传，增强中小企业信用意识，努力改善中小企业自身融资条件，提高中小企业融资机会。具体而言，率先试点全国首家小额贷款公司，推出《浙江省股权质押贷款指导意见》，以股权质押的方式拓展中小企业的融资渠道，发行中小企业集合债、阿里巴巴网络联保贷款、中小企业贷款的信用保险服务等支持中小企业融资，大力支持仓储金融发展，扩展抵质押市场。在民营企业、金融机构、政府以及全社会积极参与创新中小企业外部融资来源，除此之外，应鼓励民营企业的内源性融资。在高度货币化、信用化和证券化的现代市场经济中，外源融资已成为企业融资的主导方式。但具体到企业尤其是中小企业融资方式选择，国际上有一个"啄食顺序融资理论"，即先内源融资，后银行贷款，再发行债券，最后发行股票的融资顺序。浙江除了鼓励民营企业进行外源性融资外，还应通过降低中小企业的所得税税率来鼓励中小企业自筹资金，提高资本积累率。

4. 中小企业金融服务创新。

引导地方法人银行根据业务发展实际，加紧谋划中小企业金融服务专营机构的建设规划，探索专营机构的有效运作模式。鼓励各大中型银行在浙分支机构争取上级行政策倾斜，设立独立的小企业信贷部门、为小企业服务的特色支行（或专业支行）以及小企业贷款推广中心等专业机构，配备充足的信贷营销人员，下放小企业贷款审批权限，简化流程，提高效率，加大对小企业的金融服务力度。支持和鼓励小企业贷款成效突出的法人银行机构跨区域设立分支机构，优先开办新业务，率先开展股份制改革，适当提高监管评级等，以充分体现监管政策的正向激励。建立更为科学的小企业贷款风险定价机制，健全小企业客户信用风险评估体系，完善和推广小企业授信独立核算机制，独立反映小企业授信业务的成本与收益。主动优化小企业信贷服务机制，提高审贷效率，针对一般小企业其财务报表不健全的实际，适时转向对小企业现金流、法人素质和企业经营等因素的评判，主动完善小企业授信管理办法。

167

三、浙江民间财富管理的政府服务体系

（一）对民间资本规划指导

浙江民间资本充裕，民间资本具有超前逐利性，只有通过规制使民间资本有序发展才能减少投资的盲目性和提高投资的效益。政府在制定民间资本发展规划时要尊重自然规律、经济规律、市场规律，民间资本要与社会经济发展战略目标一致，与国民经济和社会发展计划相匹配。政府应从省级层面制定《浙江民间资本规划》，对规划的地位、性质体系、内容功能、时间编制程序、编制主体、审批颁布实施评估调整以及各规划之间的关系等作出法律规定，同时要切实加强对规划编制和执行情况的监督力度，运用法律手段保障规划的执行和实施，提高规划的权威性和实施的强制力与约束力。

（二）完善政府服务环境

政府各有关部门要转变职能，要把工作重点真正转到宏观调控、市场监管、利益协调等方面。为此，要清理各行政法规、政策，规范执法行为，强化投资监督机制，完善投资引导机制，消除对民间资本投资的各种歧视性政策和不合理规定，切实保护民间资本投资的合法权益。要精简行政审批程序，提高

办事效率，尽快建立民间投资项目登记备案制度。建设高效的行政管理体制和运行机制。要尽可能减少行政审批，放宽企业尤其是中小企业的市场准入条件，确实需要审批的，也要制定规范的审批程序，公开审批条件，建立办事"时间限制"，切实提高审批效率。要加快设立专项基金，对民营中小型企业的技术开发、人力资源开发提供资助。有关部门应调整、制定有关政策，使民间投资者在评定职称、评选先进、户籍管理、子女就学以及因商务和技术交流需要办理出国（境）手续等方面，享有与国有单位人员同等的待遇。

（三）建立公开的信息发布机制，使民营企业能更好地了解和把握投资机会

目前，民营企业了解投资信息，62%是靠生意场上的朋友，38%来源于媒体，18%来源于政府机关，而通过中介机构的仅占5%。投资信息缺乏固定、完整的发布机制，在一定程度上阻碍了更多民间资本的参与，也不利于公平竞争。因此，按照公开、公平、透明的原则，可建立一个类似政府网上采购的公开信息发布平台，及时向政府主管部门所属企业之外的民营企业发布投资信息，使民营企业能方便、及时地获取各类投资信息，从而吸引更多的民间资本参与各类投资。

（四）搭建平台，促进民资转型升级

地方政府应当充分发挥引导作用，积极构建民间资本与当地企业的合作融资平台，如中小企业技术创新资助计划、中小企业融资支持计划、创业投资基金、中小企业发展基金、上市创业板等，以引导民间资本更好地支持中小企业发展，形成实业发展与民间资本的良性循环，实现传统产业转型升级与民间资本发展壮大的双赢。

（五）加强引导，增强民资风险意识

地方政府部门应继续加强风险防范教育，特别是在当前民间资本因忽视投资风险而形成损失个案较多的情形下，要采取有效措施向民间广大投资者加强宣传，加大风险警示和提示力度，提高民间投资者的金融、法律与风险意识，引导民间资本理性投资，避免因盲目追求短期利益而错估自身经济实力，诱发投资损失风险积聚现象的发生。继续完善民间资本金融监管法律制度，加强对民间资本金融创新的监管和对消费者的保护，打击非法吸收公众存款、洗钱等行为。

（六）发展浙江民间财富管理中心

浙江建立民间资本财富管理中心的基础有：一是浙江有近5000万人口，GDP总量相当于一个小国家，作为民资大省，目前浙江民间资本存量约1万亿

元，但是浙江的民间资本财富管理业务发展，却明显不符合浙江资金大省的地位。二是金融机构众多，截至 2009 年底，全省共有政策性银行 3 家，国有商业银行 4 家、股份制商业银行 13 家、外资银行 9 家、城市商业银行 16 家、农村合作金融机构 82 家、村镇银行 10 家、财务公司 2 家、金融信托公司 4 家、金融租赁公司 1 家、证券公司 3 家、基金公司 1 家、期货公司 13 家、小额贷款公司 105 家，众多的金融机构和金融从业人员能为财富管理中心的建设提供理财载体和人才储备。三是毗邻上海，可对接上海国际金融中心建设，错位发展，在布局上以杭州、宁波、温州为核心，建立三个功能互补的金融聚居区和辐射区，金融业发展在长三角仅次于上海的杭州，将打造成长三角南翼最重要的区域金融中心甚至上海国际金融中心最重要的次中心，宁波将利用临港优势，发展海洋金融、航运金融和与临港大工业配套的口岸金融服务，成为呼应上海国际金融中心、国际航运中心建设的航运金融服务中心，温州将打造成连接长三角、海西两大经济区，服务民营经济的区域性专业金融中心，在民企投融资和民间金融方面起先行示范作用。

2010 年 8 月，浙江完成的《浙江省"十二五"金融业发展规划研究》提出，将着力打造有全国影响的"中小企业金融中心"和"民间投资管理中心"，并以此为浙江"十二五"金融业发展的总体目标。我们认为从长期看仅打造"中小企业金融中心"和"民间投资管理中心"还不够，仅仅是解决了中小企业投融资和民间投资的问题，无法为数量巨大的民间资本提供财富管理服务，浙江应整合各方力量，打造民间资本财富管理中心乃至全国性的中心，为浙江金融业发展提供更大发展的驱动力，为浙江经济转型提供有力保障。

169

浙江民间资本财富管理中心建设应从多方面着力：做好民间资本财富管理中心的规划建设；建立高效的财富管理开发和信息支持系统；建立金融产品研发创新中心、金融信息中心、风险评估中心；培养和引进优秀财富管理人才，加强理财专家队伍建设；建立适合国情的财富管理模式。民间资本财富管理中心的功能定位包括投融资管理中心、财富管理机构聚集、民企总部金融服务、创业投资管理中心、产业投资管理中心、财富管理服务和政策创新等。长期目标是将浙江民间资本财富管理中心打造成具有全国影响力和功能全国领先的财富管理中心，进一步发展成全国性的民间资本财富管理中心。

参 考 文 献

［1］李永刚．中小企业群落衍生发展研究［D］．浙江大学博士学位论文，2005．

［2］吴强军．浙江中小企业集群化成长影响因素实证研究［D］．浙江大学博士学位论文，2004．

［3］李朝明．中国民营企业国际化发展研究［D］．浙江大学博士学位论文，2007．

［4］刘明前．我国企业跨国直接投资方式选择研究［D］．华中科技大学博士学位论文，2009．

［5］尤宏兵．中国民营企业国际化经营研究与实证分析［D］．南京理工大学博士学位论文，2004．

［6］邹刚．浙江中小企业国际化问题研究——基于组织文化、经营战略与绩效关系的分析［D］．浙江大学博士学位论文，2007．

［7］丁平．我国民间资本投资金融领域的现实意义与挑战［J］．武汉金融，2010（8）．

［8］郭斌，刘曼路．民间金融与中小企业发展：对温州的实证分析［J］．经济研究，2002（10）．

［9］王维强，于振玫．城乡三元金融结构与民间金融制度研究［J］．财经研究，2003（4）．

［10］林毅夫，李永军．中小金融机构发展与中小企业融资［J］．经济研究，2001（1）．

［11］李丹红．农村民间金融发展现状与重点改革政策［J］．金融研究，2000（5）．

［12］宋爱军．我国民间金融界定问题研究述评［J］．兰州商学院学报，2008（3）．

［13］课题组．民营金融的供给与均衡［J］．管理世界，2001（1）．

［14］李志．银行结构与中小企业融资［J］．经济研究，2002（6）．

［15］翁佩君．金融危机背景下民间资本投资的问题与对策［J］．中共浙江省委党校学报，2010（2）．

［16］杨小凯．经济学原理［M］．北京：中国社会科学出版社，1998．

［17］K．J．巴顿．城市经济理论与政策［M］．北京：商务印书馆，1984．

［18］余东华．产业集群：发展模式、竞争优势与结构优化机制［J］．甘肃社会科学，2007（3），99－102．

［19］贾生华，吴晓冰．全球价值链理论与浙江产业集群升级模式研究［J］．技术经

济，2006（4），29-31.

[20] 吴波，贾生华．集群企业升级模式：来自嵊州领带企业的经验[J].浙江经济，2008（20），52-53.

[21] 杜道洪．产业调整背景下企业集群的四种演变模式分析[J].特区经济，2009（2），283-284.

[22] 符正平，曾素英．集群产业转移中的转移模式与行动特征[J].管理世界，2008（12），83-92.

[23] 王祖强．浙江集群式民营企业的典型特征、组织模式与发展趋势[J].浙江树人大学学报，2006（1），32-36.

[24] 汪少华，汪佳蕾．浙江省企业集群成长的创新模式[J].中国农村经济，2002（8），58-62.

[25] 蒋志芬．中小企业集群融资优势与融资模式——以江苏省为例[J].审计与经济研究，2008（9），98-101.

[26] 綦建红．中小企业"产业集群式"投资——现阶段我国企业对外投资的理想模式[J].山东社会科学，2003（5），22-24.

[27] 范云霄．我国中小企业集群对外直接投资的理论分析及模式探讨[J].经济理论研究，2006（6），78-80.

[28] 潘安敏，张金海．湖南制造业集群化发展模式研究．经济研究导刊，2007（7），153-156.

[29] 中国人民银行延安市中心支行课题组．支持创意产业集群化发展的投融资模式探讨．西部金融，2009（11）.

[30] 周泯非，魏江．产业集群治理模式及其演化过程研究[J].科学研究，2010（1），95-103，126.

[31] 鲁桐．企业国际化阶段、测量方法及案例研究．世界经济，2000（3），9-18.

[32] 刘藏岩．中小民营企业国际化社会责任公共战略探讨——以温州哈杉为例的研究．国际经贸探索，2009（5），81-84.

[33] 赵伟．民营企业国际化：几个基础而现实的论题．学习与实践，2007（3），43-50.

[34] 何守超．金融危机冲击下的民营企业国际化模式转型——基于温州企业的分析．经济社会体制比较．2010（2），184-188.

[35] 林俐．民营企业国际化经营的方向偏好——基于对温州1984—2005年数据的实证研究．经济体制改革．2008（2），74-77.

[36] 田剑英．民营企业自主品牌国际化的决策因子分析——以宁波市为例．经济社会体制比较，2009（2），163-166.

[37] 王静．我国中小民营企业境外上市融资策略研究．国际贸易探索，2009（1），30-35.

[38] 黄朴．浅议企业海外经营政治风险管理——从中国企业"走出去"看海外经营

171

政治风险规避．经济问题探索，2005（1），27 - 29.

[39] 鲁桐，李朝明．温州民营企业国际化［J］．世界经济，2003（5），55 - 63.

[40] 杨明华，易志高．南京民营企业国际化战略模式分析及选择［J］．南京社会科学，2007（5），142 - 147.

[41] 朱喜．互助会的经济学观点［J］．当代财经，2006（6），24 - 27.

[42] 马九杰．民间资本进入银行业的门槛更低了［J］．中国农村金融，2012（15），17 - 18.

[43] 郑秀，胡文显．温州民间资本进入产业投资基金的SWOT分析［J］．浙江金融，2012（8），31 - 33.

[44] 叶海景．温州民间资本与区域经济发展［J］．浙江金融，2012（9），26 - 28.

[45] 王文荣，刘焱．民间资本转化为金融资本的对策研究［J］．经济研究导刊，2012（29），108 - 109.

[46] 周军，肖娟，苏云亭，刘平．引导民间资本进入金融服务领域的思考［J］．宏观经济研究，2012（11），52 - 56.

[47] 王学人．我国民间资本难以进入垄断行业的原因及对策研究［J］．经济体制改革，2011（5），134 - 137.

[48] 贾康．政策性金融与浙江民间资本对接［J］．浙江金融，2011（2），12 - 17.

[49] 应宜逊．落实"新36条"，向民间资本开放微型金融机构市场准入［J］．上海金融，2010（10），92 - 95.

[50] 易晓文．民间资本的集聚对区域经济增长的影响——基于温州的实际经验［J］．江西社会科学，2010（12），76 - 80.

[51] 卢亚娟，孟德锋．民间资本进入农村金融服务业的目标权衡——基于小额贷款公司的实证研究［J］．金融研究．2012（3），68 - 80.

[52] Schreiner M．, Informal Finance and the Design of Microfinance Working Paper, 2000.

[53] Anders Isaksson, The Importance of Informal Finance in Kenyan Manufacturing, the United Nations Industrial Development Organization（UNIDO）Working Paper, 2002.

[54] Potter, M. Clusters and the New Economics of Competition［J］. Harvard Business Review, Nov. 1998 - Dec, 77 - 90.

[55] Porter, M. E．, The Competitive Advantage of Nations. Free Press, New York, 1990.

[56] Humphrey, J & Schmitz, H. Governance and Upgrading: Linking Industrial Cluster and Global Value Chain Research. IDS Working Paper 120. 1 - 37.

[57] Krugman, P．, Increasing Returns and Economic Geography, Journal of Political Economy, 1991.